수민이의
미국 주식 투자 스토리

주린이 뉴요커의 주식 호구 탈출기

수민이의
미국 주식 투자 스토리

주린이 뉴요커의 주식 호구 탈출기

이주택 미국 럿거스 로스쿨 종신교수 지음

프롤로그

2024년 봄부터 2025년(초) 겨울까지 사계절의 변화를 겪으며 미국의 주식시장은 또 한 해를 보냈다. 많은 기업의 주가가 변동성 있게 등락을 거듭하며 우상향했지만, 몇몇 기업은 이 흐름을 못 타고 도태되어갔다. 100년이 넘는 세월 동안 미국 주식시장은 많은 일을 겪었으며, '좋은' 회사는 살아남고 '나쁜' 회사는 도태되어 시간 속에서 잊혔다. 나쁜 주식은 빼고 좋은 주식만 편입하는 '다우'나 'S&P500' 같은 지수들은 시간이 지나면서 큰 거시적인 사건들과 외부 영향을 이겨내고 결국 우상향하며 상승했다.

이 책은 미국 주식 투자를 다룬 소설이다. 뉴욕의 M&A 변호사인 한 30대 여주인공(수민)이 처음 주식 투자에 도전하며 겪는 다양한 일들을 그리고 있다. 뉴욕 맨해튼과 뉴저지에서 일상을 보내는 주인공은 멘토인 반 교수Professor Half를 맨해튼과 뉴저지의 다양한 장소에서 만나 식사를 하고 커피를 마시며 여러 질문을 하게 된다. 주인공은 늦은 봄부터 그다음 해 봄이 오기 전

겨울까지 8개월간 멘토로부터 투자에 대한 많은 것들을 배운다. 차츰 주인공의 삶에 변화가 찾아오면서 성장하게 된다. 소설 속 멘토인 반 교수가 누군지는 필자의 전작인《다시 오는 기회, 미국 주식이 답이다》에 잘 그려져 있다. 그래서 이 책은《다시 오는 기회, 미국 주식이 답이다》와 함께 읽으면 더 좋을 듯하다.

주인공은 한 달에 한 번 주식 거래를 하며 성공과 실수를 반복한다. 독자들은 주인공의 적립식 투자 경험을 통해 월급쟁이 직장인들이 매달 일정한 금액으로 어떻게 투자 자산 파이를 늘려 복리 효과를 이루어나갈 수 있는지를 엿볼 수 있다. 이 책은 2024년 7월부터 2025년 2월까지의 실제 국제정치 및 거시경제 상황에 따른 실질적인 주가 움직임에 바탕을 두고 있으므로 주인공의 투자 판단을 따라가다 보면 독자들의 실전 투자 적용에 도움이 되리라 본다.

주인공은 반 교수를 만나 실전을 겪으며 궁금했던 다양한 질문을 하게 된다. 왜 주식을 시작해야 하는지, 어떻게 시작하는지, 미국 주식은 어떤 종목을 사야 하는지, 주식시장은 어떤 곳인지, 자산 배분을 어떻게 전략적·전술적으로 하는지, 주가는 어떻게 움직이는지, 효율적 시장은 어떤 것인지, 현대 포트폴리오 이론은 무엇이며 위험 관리는 어떻게 하는지, 주식시장은 어떤 심리로 움직이는지, 장기투자는 어떻게 하는 것이며, 주식시장의 공포는 어떻게 이겨낼 수 있는지, 돈의 흐름은 어떻게 읽고, 수익 실현과 '줍줍'은 어떻게 하고….

이 책은 무엇보다 실전에서 유용하게 활용할 수 있는 매매 기술과 그와 관련된 미묘한 심리 변화에 대한 반 교수의 통찰을 담고 있다. 계절에 따른 전술적 자산 배분에 대한 지혜도 엿볼 수 있다. 또한 주인공의 여러 질문에 대한 반 교수의 대답을 통해 독자들은 주인공과 함께 미국 주식 투자에 대한 통찰은 물론이고, 성공적인 주식 투자를 위한 가장 중요한 비밀들도 알게 될 것이다. 주식을 처음 시작하는 '주린이'들에게 주식 투자에 대한 기본 원칙과 전략을 알기 쉽게 제시함으로써, 이 책은 '잃지 않는 투자'를 위한 지침서이자 실전 투자에 좋은 나침반이 되어줄 것이다.

필자의 첫 책인 《딸아 주식공부 하자》와 함께 이번 책도 모든 투자자가 경제적 자유를 이루는 데 함께해줄 지침서가 되기를 바란다.

2025년 2월

뉴저지 테너플라이에서

차례

5월

맨해튼

봄이 한창이다. 따스한 바람이 불고, 근처 건물들과 동상들이 가려질 정도로 새로 나온 연둣빛 잎들이 센트럴파크Central Park를 가득 채웠다. 메모리얼 데이Memorial Day(전몰장병 추모일, 매년 5월 마지막 월요일)가 다가오고 있고, 학생들은 방학을 맞이해서 고향으로, 새로운 도시로 여행을 떠나는 시기다. 11월 추수감사절Thanksgiving Day과 블랙프라이데이Black Friday 이후로 쇼핑 할인도 가장 많이 하고, 직장인들도 하나둘 휴가를 내 플로리다나 해외로 여행을 떠나는 시기다. "셀 인 메이 앤 고 어웨이Sell in May and Go Away"란 말처럼 주식을 팔고 떠나는 그 5월이다. 요즘은 엔화 가치가 많이 떨어져서 다들 일본행 비행기 티켓도 미리미리 싸게 구매하는 분위기다.

하지만 나는 오늘도 회색빛 구름이 덮인 하늘 너머에서 은빛 햇살이 한 줄기 내리쬐길 바라며 회사로 향했다. 하늘 위로 우뚝 서 있는 콜럼버스 동상을 지나 브로드웨이를 타고 열 블록 정도 동남쪽으로 걷다 보면 49번가에 내가 일하는 전 세계에 지점이 있는 유명 로펌 번스타인 앤 페리Bernstein & Perry가 있다. 오늘도 57번가에 있는 다운언더DownUnder 카페에서 초콜릿 향이 진하게 나는 신맛 강한 에티오피아 커피 한 잔을 픽업, 정신을 차리면서 부랴부랴 사무실로 향했다. 39층 한쪽 구석에 있는 내 사무실 창문 너머로 녹음이 우거진 센트럴파크가 마천루 사이로 살짝 보이는데 그곳을 보며 가끔 생각에 잠긴다. '언젠가 비치 보이스 The Beach Boys의 〈코코모Kokomo〉를 들으며 플로리다 키라고Key Largo 섬의 에메랄드빛 바다가 보이는 곳에 비치하우스beach house를 사서 은퇴할 수 있겠지.'

나는 뉴욕에서 기업 인수합병과 투자를 담당하는 변호사다. 기업의 가치를 평가하는 밸류에이션valuation 작업은 늘 하는 일이다. 나는 2018년 보스턴에서 로스쿨을 졸업하고 이곳 뉴욕 시티에서 첫 직장을 잡았다. 벌써 6년, 암묵적인 인종과 여성 차별이 여전히 존재하는 로펌 상류 백인 남성 사회의 유리 천장을 뚫고 올라가는 것은 정말 어려운 일이었다. 하지만 나는 노력 끝에 주니어 파트너Junior Partner의 자리까지 올랐다. 물론 파트너가 되기 위해서는 정치력과 피나는 노력이 필요한데, 파트너가 되면 월급이 꽤 많이 오르지만 회사의 지분을 소유하기 위해서는 50만 달러 가까운 돈을 그 이전에 모아야 한다.

한국에서 막 유학을 와서 정착했던 매사추세츠의 케임브리지는 고향처럼 정이 들었었는데, 세계적인 로펌이 모여 있는 메이저리그라고 볼 수 있는 맨해튼이 시장도 넓고 월급도 많아 어쩔 수 없이 이사를 올 수밖에 없었다. 시장이 작은 보스턴보다는 뉴욕의 직장은 나름 성공을 의미하는 것이었으니까. 월 1,500달러의 월세만 내고 룸메이트와 함께 살던 때에서 콜럼버스서클Columbus Circle 근처 59번가의 원 베드 아파트에 5,000달러 이상씩 월세를 내고 산다는 것은 나름 뿌듯한 일이었다.

집 앞의 홀푸드마켓Whole Foods Market에서 신선한 유기농 채소와 고기, 생선들을 사 먹을 수 있고, 가끔은 근처에 있는 고급 레스토랑에서 맛있는 이탈리아 요리도 즐길 수 있다. 주말이면 집 앞에 넓게 펼쳐진 센트럴파크를 산책하다 높은 바위에 올라 평화로운 경치를 보며 쉬기도 하고, 메트로폴리탄 박물관에 들러 내가 좋아하는 반 고흐와 모네 등 인상파 화가들의 그림을 원 없이 볼 수 있는 것도 좋다. 가끔은 동물원에 들러 물개와 레드판다를 보면 마음의 모든 잡념이 사라지기도 한다. 이보다 더 평온하고 행복한 삶이 있을까 싶다.

하지만 이제 나도 서른셋, 30대 중반을 눈앞에 두고 있다. 평탄한 삶이지만 마냥 이렇게 즐기기만 하며 살 수는 없는 노릇이다. 결혼도 해야 하고, 노후도 준비해야 하는 시기다. 따로 모아 둔 돈은 없다. 단지 회사에서 매칭matching해서 넣어준 은퇴자금 401K에 10만 달러 정도가 있을 뿐이다. 이것도 59.5세 이전에는 10% 벌금 없이 못 찾는다.

지난 6년간 맨해튼에서의 삶은 나름 즐겁고 만족스러웠지만, 약간은 가슴 한 곳에 허전함이 늘 공존했다. 부모님과 학창 시절 때의 절친들은 다 한국에 있었고, 미국 친구들이 있긴 하지만 그들과는 늘 문화적 벽이 느껴졌다. 인종적 벽은 차치하고, 집단적이고 가족적인 한국 문화와 달리 개인주의적이고 사생활 공유를 잘 안 하는 미국 문화에 익숙해지는 데는 꽤 오랜 시간이 걸렸다. 다양한 문화와 인종이 공존하는 맨해튼이지만 한국에서 오랜 기간 자란 나에게는 여전히 알 수 없는 거리감이 존재했다. 가난했고 공부가 힘들었던 케임브리지에서의 유학 생활이 오히려 좋았던 건 함께 고민을 나누던 몇 명의 한국 친구들이 있어서가 아니었을까. 지금은 모두 뿔뿔이 흩어져 페이스북과 인스타그램으로만 간간이 소식을 듣곤 한다. 몸이 멀어지면 마음도 멀어진다더니 6년의 시간은 그들과의 인연도 흐릿하게 지워버렸다.

허전한 나의 삶을 채워줄 돌파구가 필요한 시기다. 한 분야에서 1만 시간을 채우면 전문가가 될 정도로 성장한다던데, 나도 이제 6년의 변호사 생활로 내 분야에서는 성장할 만큼 성장한 듯하다. 정말 열심히 뛰었던 변호사 초기의 열정도 어느새 사그라져버린 듯한 지금, 권태기를 느끼고 있다. 하지만 요즘엔 성장이 멈춘 삶은 죽은 것과 다르지 않다는 생각이 자꾸 들면서 뭔가 새로운 것을 찾으려 하고 있다. 그래서 다음 주 주말에는 무엇이라도 해야겠다는 마음으로 맨해튼 선교회에서 주관하는 타임스퀘어Times Square 집회에 참여해보기로 했다. 언젠가 뉴저지에서 최경주 선수가 주니어 골퍼들을 후원하는 행사에 참여했었는데, 거기서 우연히 알게 된 교회 장로님이 소개해준 모임이다. 사회적으로 성공한 장로님들도 많이 오신다고 하니 뭔가 인생 멘토가 되어줄 분도 만날 수 있지 않을까 하는 마음도 있었다.

6월
첫 만남

토요일 아침이다. 오늘은 새벽부터 시원하게 장대비가 내리다 날이 개었다. 구름 한 점 없이 가을 하늘처럼 높고 파란 하늘에 아직 초여름인데도 햇볕이 따가운 날이다. 일주일 동안 100시간도 넘게 일했더니 온몸이 너무 힘들다. 여느 때처럼 늦잠을 자고 하우스턴 거리Houston St 근처 레스토랑에서 회사 동료 신디, 폴과 11시쯤 만나 브런치를 즐기며 일주일 동안 일어난 이런저런 얘기나 하며 지낼까 했었다. 하지만 원래 계획대로 오늘은 특별한 일을 하기로 했다. 몸은 힘들었지만, 오늘 아침은 무척이나 가볍고 상쾌한 마음으로 시작했다. 새로운 도전에 대한 기쁨과 새로운 누군가를 만난다는 설렘이 겹쳐 마음을 가볍게 한 것 같다. 아빠는 늘 세상엔 많은 시작점이 있다면서 "도전, 극복, 성장!"을 외쳤는데, 나도 늘 새로운 것에 대한 도전의 기쁨을 느낀다.

예배가 열리는 36번가 펄스튜디오Pearl Studio까지 운동도 할 겸 걸어갔다. 오래된 건물 12층까지 올라가니 뉴욕과 뉴저지 근처의 여러 교회에서 온 이들이 모여 분주하게 예배를 준비하고 있었다. 처음 보는데도 모두 반갑게 맞아준다. '뉴욕 온누리교회 이수민'이라는 이름표도 만들어줬다. 보통은 11시 시작인데 오늘은 뉴저지 초대교회가 참여하는 첫 주라서 10시에 시작한다고 한다. 서로 다른 교회의 목사님, 장로님, 권사님들이 한데 모여 계셨다. 예배가 시작되니 얼추 예순 명 정도 모인 것 같다. 통성으로 기도하고 찬양한 후 설교를 들었다. 〈사도행전〉 1장 8절의 말씀을 인용하며, 우리가 서 있는 곳이 땅끝이고 가정과 직장과 교회 밖의 많은 곳에서 그리스도의 성품을 닮는 인격을 형성할 것을 강조했다.

예배를 마치고 모두 전도지를 들고 타임스퀘어로 향했다. 오늘은 다른 공연팀이 와 있어 광장 옆 한 코너에 자리를 만들고 준비해 온 피켓을 들고 찬양을 시작했다. 놀랍게도 영어와 스페인어를 번갈아가며 열 곡 정도를 뜨겁게 불렀다. 사진을 찍고 녹화를 하는 사람들을 보다, 하늘을 바라보니 파란 하늘 사이로 밝게 빛이 비쳤다. 내가 이곳에 있는 것은 언제부터 정해졌던 것일까. 막연한 생각이 들었다.

찬양이 끝나고 모두 맥도날드에 모여서 간단한 교제를 하고 그룹을 나누어 각자의 전도 장소로 향했다. 나는 이 그룹에서 내 인생의 멘토인 반 교수님을 만나게 되었다. 우리 그룹은 그랜드센트럴Grand Central 역으로 향했다. 네 명의 그룹 안에는 바오로 목사님과 루도비코 전도사님, 그리고 반 교수님이 있었다. 우리는 먼 거리지만 42번가까지 걸어가며 서로 소개도 하고 이런저런 이야기를 나누었다.

루도비코 전도사님이 반 교수님을 소개해주었다.

"반 교수님은 수민 씨처럼 온누리교회를 다니세요. 게다가 뉴저지 럿거스대학의 종신 교수님이세요. 한국 고려대에서 법학 석사를 받고, 미국 로스쿨에 오셔서 변호사도 되시고 공부를 더 하셔서 미국 교수로 활동하신 지 오래되셨어요. 로스쿨에서 국제거래법과 금융회계 등을 가르치세요. 주식 투자도 오래 하시고 경제 유튜버도 하시고 책도 내셨어요. 부자세요! 그래서 후원도 많이 하신답니다."

"아, 그러세요? 저는 뉴욕 IN2 온누리교회에 나가고 있습니다. 지금은 맨해튼 미드타운Midtown에 있는 로펌에서 일하고 있습니다. 교수님께 배울 게 많겠는데요!"

교수님도 기쁘게 맞아주셨다.

"반가워요, 수민 씨. 저는 원래 보스턴에서 온누리교회를 다녔고, 지금은 뉴저지에 있는 교회에 나가고 있어요. 노숙인을 돕는 긍휼 사역은 보스턴에서부터 6년 정도 쭉 해오고 있고요. 이렇게 뜻깊은 사랑의 나눔 사역에 함께할 수 있어서 기쁩니다. 궁금한 게 있거나 도움이 필요하면 언제든지 묻고 부탁하세요. 물론 투자 관련 조언도 드릴 수 있어요."

교수님은 미소 지으셨다.

나는 속으로 말로만 듣던 재야의 고수를 드디어 만났구나, 생각했다. 인생의 멘토를 찾던 나에게 환한 등대처럼 찾아오신 반 교수님, 이서진처럼 잘생기신 데다 피부도 하얗고, 밝고 선한 얼굴에 인상이 너무 좋으셨다. 앞으로 나의 훌륭한 멘토가 되어주실 수도 있겠구나, 생각하며 기쁜 마음으로 이런저런 얘기를 하며 걸어갔다.

그렇게 열 블록 이상을 걸었지만, 새로운 만남과 즐거운 대화 덕분에 어느새 우뚝 솟은 대리석 건물 앞에 도착했다. 그랜드센트럴역 앞에는 로마의 승리를 모티브로 한 커다란 시계탑이 있고, 그 옆으로는 로마의 신들과 미국을 상징하는 독수리가 콜로세움 스타일의 기둥 위로 웅장하게 장식되어 있다. 코너를 돌아 옆문으로 들어서자 높이가 125피트(38.1미터)나 되는 에메랄드빛 천장이 아름다운 별자리들로 장식되어 있었다. 한때는 미국에서 가장 붐비는 기차역이었던 그랜드센트럴은 아직도 많은 사람이 주변 도시에서 기차를 타고 뉴욕으로 들어오고 또 나간다. 나도 보스턴에서 처음 뉴욕에 놀러 올 때 보스턴 사우스스테이션South Station 터미널에서 이곳까지 기차를 타고 온 기억이 있다. 기둥 옆 대리석 계단으로 내려가자 식당가가 나왔다. 우리는 그곳에서 기도한 후 전도지를 나눠주며 많은 여행객에게 복음을 전했다.

전도가 끝나고 우리는 다시 식당가 한쪽 구석 테이블에 앉아 오늘의 일을 정리하고, 아쉬운 마음에 30분 정도 이야기를 더 이어갔다.

나는 나의 미래와 은퇴에 대한 장기적인 재테크 조언이 필요했던 터라, 교수님께 물었다.

"교수님, 교수님은 어떻게 투자를 시작하게 되었어요?"

교수님은 늘 받는 질문이어서 그런지, 주저하지 않고 대답해주셨다.

"아, 저는 주식 투자를 오랫동안 해왔어요. 한국 주식 투자는 1998년 대학교 4학년 시절 IMF 금융위기가 터지고 나서 주변 친구, 선배들과 함께 가격이 많이 떨어진 주식에 관심을 가지게 되면서 시작했습니다. 미국 주식 투자는 2008년 미국에서 교수가 되어 돈을 벌기 시작한 이후에, 리먼브라더스 사태가 발생하며 저평가된 미국 주식에 관심을 가지면서부터 시작했습니다."

인상 좋은 교수님이 편하게 대해주셔서 그런지 나는 눈치 없이 내 이야기를 술술 하며 질문을 하기 시작했다.

"교수님, 저는 401K 퇴직연금 계좌 말고는 돈을 모아둔 것이 없는데, 어디서부터 투자를 시작해야 할지 모르겠어요. 일단 목돈을 모으긴 해야 하는데, 크리스천으로서 이렇게 부자가 되려고 노력해도 되는지 궁금해요."

인생의 목적을 생각하라

"좋은 질문이에요. 일단 크리스천은 검소하게 살죠. 우선 원하는 것과 필요한 것들을 나누고, 원하는 부분, 욕심나는 부분을 최대한 절제하며 검소하게 살다 보면 돈이 모이게 되어 있어요. 부자들도 키아누 리브스처럼 검소한 생활을 유지하는 사람들이 많죠. 따라서 그 돈을 어디에 어떻게 써야 하는지가 더 중요해지죠. 돈은 중립적인 개념이라 부자라고 다 나쁜 것은 아니에요. 사랑을 나누는 사람도 많죠. 유대인들처럼 나중에 모든 재산을 기부하고 학교와 후원단체를 만들기도 하고요. 따라서 모이는 돈을 잘 투자에서 그것을 불리고, 그 이후에 그 돈을 어떻게 쓸지 계획을 잘 세워야 해요. 인생의 목적을 세우듯 투자도 목적을 가지고 시작하는 것이 좋습니다. 그러면 얼마의 돈을 모아야 하는

지가 눈에 보이게 되죠."

"교수님은 인생의 목적이 무엇인데요?"

교수님은 말을 이어가셨다.

"저는 오래오래 행복하게 살기를 원해요. 에리히 프롬이 얘기하듯 생산과 자유 그리고 사랑을 하며 행복하게 살려고 노력하고 있어요. 지금까지는 잘 성장해 논문과 책 등 많은 생산을 하며 그 과정 가운데 기쁨을 얻었고, 50세가 넘어 인생의 후반기에 접어들면서는 행복의 가장 큰 조건인 자유를 이루었어요. 종신교수가 되어 여러 의무에서 해방되는 직업에서의 자유를 얻었고, 목표한 부를 이루어 경제적 자유도 이루었지요. 인정과 자아실현이라는 강박감에서도 벗어났어요. 저는 이처럼 사회와 인간관계로부터의 자유를 유지하며 신과 함께 고독을 즐기고, 계속해서 사랑이 넘치고 나누어주는 삶을 살기를 원해요. 솔제니친에 따르면 각자의 인생에는 신비로운 비밀이 있는데, 모든 사람이 그것을 풀어내는 것은 아니라고 해요. 불확실한 미래이지만 지나고 나면 하나의 큰 줄기가 보이듯이 각자의 삶에서 그 신비로운 비밀들을 풀어내고 행복하길 바라죠."

"와, 교수님 감사해요. 꼭 저의 멘토가 되어주세요. 한 달에 한 번 만나주실 거죠?"

"그래요. 대신 저를 믿고 잘 따라와야 하고 숙제도 좀 해야 해요."

"네, 그렇게 하겠습니다."

"흠, 그러면 일단은…" 잠시 생각하시더니 교수님은 말을 이어가셨다. "수민 씨에게 하고 싶은 말은 일단은 다음에 만날 때까지 인생의 목적은 무엇이고, 은퇴는 언제쯤 할 예정이며 얼마의 돈을 모아야 하는지를 생각해보고, 그러기 위해서는 삶의 어떤 부분에서 돈을 절약해 투자할지를 계산해보세요."

"어려운 숙제네요. 지금도 맨해튼에서 살기 힘든데, 어디서 줄여서 더 투자를 할 수 있을지 고민해봐야겠어요. 감사해요, 교수님!"

"마지막으로 투자 일기도 한번 써봐요. 자신이 잘했나 못했나를 일기처럼 한번 써보는 것도 좋을 것 같아요."

"네, 좋은 생각이에요, 교수님."

우리는 함께 기도하고 카톡으로 서로 연결한 후 다음을 기약하며 각자의 길로 헤어져 돌아갔다. 나는 59번가에 있는 집까지 따뜻한 오후 햇살을 받으며 걸어왔다. 지나가는 관광객들 속에서 나도 어딘가로 여행을 떠나고 싶다는 생각이 들었다. 하지만 일단 머리를 흔들어 그런 생각을 떨쳐버리고, 내 인생의 목적은 무엇인가를 고민하기 시작했다. 변호사가 되고 싶었고, 가능하다면 로펌에서도 파트너의 위치까지 승진해보고… 그렇게 훌륭하고 성공한 변호사를 꿈꿔온 삶이었다. 하지만 아직 젊어서인지 그 이후, 그러니까 예순 이후의 삶에 대해서는 고민한 적이 없었다. 아직은 성장과 생산의 단계이고 그다지 큰 자유를 얻은 것 같지는 않다. 무엇보다도 경제적 자유는 아직 요원해 보인다. 현재 모아둔 돈으로는 지금 직장을 그만두면 맨해튼에서 1년도 버티기 힘든 수준이다. 사랑을 베풀기엔 돈도 시간도 아직 여유가 없다.

아, 정말 고민이다. 급하게 전화기를 꺼내 금융계산기financial calculator를 구글에서 찾아 계산해보았다. 일단 무리하지 말고 60세까지 살 만한 집에 100만 달러 정도 모으면 은퇴는 가능하지 않을까 생각해본다. 1년에 세금, 보험 포함해 6만 달러씩 쓰고 채권 등에 투자해 이자 4%씩만 받으면 30년은 버틸 수 있다. 90세 이후에 돈이 부족하면 집을 팔아도 될 테고.

일단 100만 달러를 모으기 위해서는 저축을 어디에 해야 할지, 매달 얼마를 투자할 수 있을지 고민하기 시작했다. 코로나19 사태 이후 비싸진 월세, 보험료, 전기세, 수도세 등 필요한 비용을 빼면 남는 게 거의 없다. 의식주는 해결해야 하는데 가방, 구두,

옷, 외식 등은 이미 줄여나가고 있다. 하지만 인플레이션으로 맨해튼에서의 삶은 그리 큰 저축을 허락하지 않았다. 요즘은 팁tip도 너무 올라 20%는 줘야 하는 형편이다.

서쪽으로 허드슨강 건너 뉴저지에 아파트를 구하면 매달 1,000달러 정도는 절약할 수 있을지도 모르겠다. 그러면 1년에 1만 2,000달러씩의 투자는 가능하지 않을까. 5년이면 6만 달러이고, 2배 정도 불리면 12만 달러까지 늘어날 수 있다. 401K에 들어가 있는 은퇴자금도 자산별로 잘 운영하면 지금의 주식과 채권 6:4 운영보다 나아지지 않을까. 그것도 앞으로 5년간 계속 월급을 넣고 2배 이상 불리면 30만 달러 가까이 불릴 수 있다. 결국 5년 안에 나는 42만 달러까지 모을 수 있다! 지금의 10만 달러에서 잘 저축하고 투자하면 42만 달러까지 4배 이상! 생각만 해도 100만 달러는 쉽게 모을 수 있을 것 같아 기분이 엄청 좋아졌다. 일단 다음 달에 반 교수님을 만나서 더 얘기를 해봐야겠다.

7월

주식은 시작이 중요하다

얼굴이 따가울 정도로 햇살이 강한 7월의 무더운 여름날이다. 요즘은 너무 더워서인지 거리를 돌아다닐 때 의욕이 생기질 않는다. 한국 식당에 찾아가 삼계탕이라도 사 먹어야겠다. 나는 그사이 아파트 1년 리스lease가 끝나 뉴저지 에지워터Edgewater로 이사했다. 허드슨 강변에서 운치 있게 페리를 타고 맨해튼 미드타운으로 출근할 수도 있고, 158번 버스를 타면 42번가 포트오소리티Port Authority 버스 터미널까지 30분이면 도착하고, 그곳에서 10분이면 회사까지 걸어갈 수 있다. 교통도 편리하고 아파트 월세도 1,700달러나 절약할 수 있었다.

다만 뉴저지로 건너오니 차가 필요해졌다. 지난번 반 교수님이 테슬라에 대해 자세하게 소개해주셨던 것이 기억났다.

"저는 2023년 12월 처음으로 전기차인 테슬라를 사서 몰기 시작했어요. 7년 정도 타던 랜드로버 이보크Evoque가 고장이 잦고 수리비도 몇천 달러대로 치솟아 그동안 관심을 가져오던 테슬라로 바꾸기로 결심했어요. 모델 Y RWD를 샀는데, 연방 정부에서 7,500달러 크레디트credit(세금 혜택)도 주고, 재고 가격 할인도 하고 그 밖의 이것저것도 따져보니 3만 7,000달러 정도라 고민 없이 구입했죠. 지금까지 8개월 정도 탔는데 6개월 슈퍼차저 충전도 무료로 받고 해서 유지비로 총 60달러 정도밖에 안 썼습니다. 집에 설치한 충전기도 핸드폰 충전기처럼 사용하기 편해요. 그뿐만 아니라 뉴저지 정부에서는 1,000달러가 넘는 충전기 설치 비용을 전기료를 깎아주는 방식으로 되돌려줘요. 걱정했던 것과 다르게 충전에는 전혀 문제가 없었는데, 230마일(약 370킬로미터) 정도 충전하면 일주일 동안 여유 있게 사용할 수 있습니다.

유지비도 싸고 여러 가지 스마트한 기능들이 많은 것도 좋지만, 정말 만족스러운 것은 구독했던 FSD 자율주행 서비스였습니다. FSD 12.5까지 배포되었는데, 이런 소프트웨어 업그레이드를 무선으로 받을 수 있죠. FSD 자율주행은 동네, 학교, 국도, 고속도로 등을 따지지 않고 아무 문제 없이 편하게 나를 목적지까지 데려다줍니다. 학교에서 밤늦도록 강의를 하고 돌아오는 길에 FSD를 작동시키면 힘들지 않게 집까지, 마치 택시처럼 모셔다주니까 주변 풍경들도 마음껏 감상하며 드라이브를 즐기게 되었어요. 그래서 우리는 이 차를 '테기사'라고 부르죠."

나도 연방 정부의 7,500달러 크레디트와 테슬라의 즉석 할인,

그리고 현재 뉴저지에서 제공해주는 2,000달러 보조금 혜택 덕분에 테슬라 모델 Y RWD를 3만 달러대 초반에 5년 할부로 살 수 있었다. 월 500달러에 보험료 180달러만 추가 부담하면 되어 모든 생활비를 제하고도 1,000달러 정도는 절약할 수 있는 상황이 되었다.

게다가 뉴저지는 맨해튼보다 물가가 싸서 생활비는 조금 더 절약할 수 있고, 가까운 곳에서 한국과 일본 음식들을 싸게 사 먹을 수 있다. 쿠피커피컴퍼니Kuppi Coffee Company에서는 맛있는 에티오피아 커피를, 소공동에서는 맛있는 순두부찌개와 한국 음식을, 미츠와Mitsuwa 같은 일본 대형마트에서는 일본 음식들을 10~20달러 사이에 싸고 맛있게 사 먹을 수 있다. 특히 내가 좋아하는, 맨해튼까지 알려져 있는 미소라멘과 치라시Chirashi 스시, 튀김정식 등을 맛있게 먹을 수 있다. 대서양과 맞닿아 있어 바다 냄새가 나는 허드슨강 위로 하얀색 갈매기들과 함께 맨해튼 전경을 보며 밥을 먹는 것 또한 축복이 아닐 수 없다. 물론 밥 먹고 강변 따라 한가롭게 거닐며 산책을 할 수 있는 것이 가장 큰 장점이다. 복잡한 맨해튼 삶과 직장에서 조금은 멀리 떨어져 있다는 것이 마음에 큰 힐링이 되는 것 같다.

문화적으로도 에지워터는 나와 잘 맞았다. 미츠와 마트 옆에는 다이소와 내가 좋아하는 시나모롤, 리락쿠마Rilakkuma 같은 인형을 파는 캐릭터 숍도 있고, 조그만 일본 서점도 붙어 있다. 내가 좋아하는 미국 슈퍼마켓인 타깃Target 과 홀푸드마켓, 좋은 브랜드의 옷과 가방, 구두들을 할인해 싸게 파는 TJ맥스TJ Max도 바로 옆이다. 언덕만 넘어가면 10분 거리에 팰리세이즈파크Palisades Park(줄여서 '팰팍')와 포트리Fort Lee에 한인타운이 잘 형성되어 있어, 한국 미용실, 한국 병원, 차 정비센터, 온누리 같은 한국 교회 등 한국 문화에 대한 접근성도 매우 좋아졌다. 리지필드Ridgefield 에 있는 슈퍼 H마트는 한국산 전복과 은갈치 등 없는 게 없다. 무엇보다 나의 멘토인 반 교수님이 사는 테너플라이Tenafly 와 20분 거리로 아주 가까워 쿠피커피컴퍼니 같은 곳에서 자주 뵐 수 있게 되었다.

오늘도 이삿짐을 정리하고 내가 사는 마리너스랜딩Mariners' Landing 아파트 옆 쿠피커피컴퍼니에서 반 교수님을 만나기로 했다. 교수님도 마침 이곳 타깃까지 생필품을 사러 오신다고 하셨다. 나는 먼저 가서 허드슨강이 잘 보이는 창가 옆쪽에 자리를 잡았다. 오늘도 흰 갈매기 한 마리가 덱deck 옆 난간에 와 한참을 앉아 있었고, 허드슨강은 햇살에 눈부시게 반짝거렸다. 강 건너 리버사이드Riverside 교회의 웅장하게 솟아 있는 고딕식 석탑이 더욱 아름답게 보이는 날이다. 한참을 멍하니 창밖을 보고 있으려니, 반 교수님이 "수민 씨!" 하고 부르며 다가오셨다.

"잘 지내셨어요, 교수님?"

"네, 잘 지냈어요. 커피는 어떤 걸로 마실래요? 제가 살게요."

"아, 감사해요. 에티오피아 커피 푸어오버pour-over(커피를 머신이 아닌 손으로 직접 내리는 방식)로 마시겠습니다."

"그래요, 잠시만요. 저도 같은 걸로 마셔야겠어요."

교수님은 가셔서 커피 두 잔을 받아 오셨다.

"오늘 날씨가 참 좋네요. 주말에 데이트 가야 하는데, 저를 만나고… 괜찮나요?"

"아닙니다, 교수님! 제가 훨씬 더 감사해요. 제게 이렇게 현명한 투자 인사이트를 주셔서 정말 감사해요. 궁금하고 물어보고 싶은 것도 너무 많습니다."

"이사는 잘했어요? 도와주지 못해서 미안해요."

"아니에요, 교수님. 짐도 얼마 없는 데다가, 한국인이 운영하는 이삿짐센터에 부탁했더니 싸고 편하게 이사할 수 있었어요. 이곳에는 한국인 이삿짐센터도 많이 있더라고요. 그런 면에서 보스턴보다는 좋은 것 같아요."

"그렇죠. 뉴저지나 뉴욕에서는 있다는 믿음만 있으면 다 찾을 수 있죠. 한국 병원, 한국 변호사 사무실, 한국 식당, 한국 수리센터, 한국 미용실, 한국 사우나, 한국인이 일하는 우체국까지. 가격도 좋고 한국 사람들이라 마음도 편하고 정말 한국말만 해도 살 수 있다니까요."

"맞아요, 교수님. 정말 좋아요! 이사 오길 잘한 것 같아요."

"그나저나 어떻게 투자할 금액은 마련해봤나요? 맨해튼에서 벗어났으니 비용도 많이 줄었을 것 같은데."

"네, 교수님. 뉴저지에서 차는 필요해서 테슬라로 구입하긴 했는데, 그래도 1,000달러 정도는 매달 절약할 수 있을 것 같아요. 이제 어떤 주식을 먼저 사는 게 좋을까요? 일단 테슬라 차가 정말 좋은데 피터 린치 Peter Lynch 식으로 테슬라 주식부터 사는 게 어떨까요?"

"수민 씨, 일단 주식부터 사는 것보다는 은퇴 후까지 투자한다고 가정하고 자산 배분에 신경 써야 할 것 같아요. 일단 67세에 은퇴하면 사회보장연금이 몇천 달러씩은 나올 테니까, 그때 이후에 은퇴한다고 가정하고, 100세까지 산다고 가정해보세요. 33년간 미국 뉴저지에서 1년에 10만 달러 이상은 있어야 행복감이 보장된다고 가정하면, 아마 연금 받는 것 빼고 200만 달러 이상은 모아야 할 거예요."

"아, 그렇게나 많이요!" 나는 깜짝 놀라며 말을 이어갔다.

"제가 지난 6년간 10만 달러 정도 모았으니, 앞으로 30년을 더 일한다고 가정하면 50만 달러는 더 모을 수 있을 것 같아요. 그러면 총 60만 달러 정도는 될 것 같아요. 거기에다가 1년에 1만 2,000달러씩 절약하면, 36만 달러를 더 모을 수 있어서 96만 달러가 되지 않을까요. 절반 정도가 부족하네요."

"그 정도면 200만 달러가 훨씬 넘어가겠네요. 복리 효과를 고려해서 돈을 잃지 않고 투자를 하면 200만 달러는 넘을 거예요. 자, 보세요. 이렇게 인터넷으로 금융계산기를 찾아서, 30년간 매년 3만 2,000달러씩(401K 2만 달러 + 추가 1만 2,000달러) 투자를 하고, 지금 10만 달러에서 시작해 매년 10%의 수익을 내면 총 543만 8,300달러가 나오죠. 8%씩만 수익을 내도 372만 5,000달러 정도 나오네요."

"아, 그렇군요, 교수님! 복리 효과는 정말 어마어마하네요. 앞으로 30년만 꾸준히 직장 잘 다니고, 저축을 하면 저는 은퇴 걱정은 없겠는데요! 여행도 다니고 후원도 할 수 있고. 직장 월급도 결국 더 오를 테니까 투자 금액도 더 늘 것 같네요. 정말 좋아요!"

"맞아요. 지금까지 401K 은퇴자금으로 6년간 10만 달러를 모아놓은 게 정말 잘한 거예요. 계속해서 월급의 일부를 적립식으로 넣으며 투자 파이pie를 키워나갈 수 있는 직장이 있다는 게 다행이에요. 그 직장 67세까지 놓치면 안 됩니다! 이제는 매년 새롭게 저축하는 1만 2,000달러를 어디에다 투자할 것인지 고려해야 하고, 지금 넣고 있는 401K 은퇴자금도 주식과 채권, 위험자산과 안전자산을 본인 나이에 맞게 6:4 정도로 분산하는 게 좋을 것 같네요. 저는 쉰이 넘었고 벤저민 그레이엄Benjamin Graham이 추천한 안전자산과 위험자산 5:5, 즉 반반 전략을 좋아하긴 하지만, 수민 씨는 아직 30대니까 조금 더 위험 부담을 올려도 될 것 같아요."

"정말이요, 교수님? 저 이미 주식과 채권이 6:4인 계좌에 은퇴자금을 넣고 있어요. 주식은 S&P500을 추종하는 ETF에 넣었고, 채권은 단기채권과 캐시(달러)로 이루어진 MMFMoney Market Fund에 넣어놨어요. 저 잘했죠?"

"네, 정말 잘하고 있네요. 사실 자산 배분 포트폴리오는 다양한 방식으로 구성할 수 있어요. 레이 달리오Ray Dalio는 어떤 경제 상황에서도 돈을 벌 수 있는 무적의 포트폴리오를 제시했죠. 이름하여 '모든 날씨 포트폴리오All-Weather Portfolio'예요. 인플레이션이든 물가가 떨어지는 디플레이션이든, 경기가 확장되든 침체가 와서 위축되든 간에 주식 25%, 채권 25%, 현금(달러) 25%, 금 25%를 가지고 있으면 언제든지 수익을 낼 수 있는 공식이지요. 위험 자산 25%에 나머지 75%를 안전자산에 넣고, 편하게 시장을 바라볼 수 있는 장점이 있어요. 물론 큰 수익은 나지 않지요. 나이가 더 들고 투자 규모가 나중에 더 커지면 위험도를 줄여야 하는 상황에서 고려해볼 만해요."

"아, 감사합니다. 나중에 고려해보겠습니다. 그러면 교수님, 제가 매달 1,000달러 정도 절약이 가능한데 1년에 저축할 수 있는 1만 2,000달러는 어떻게 할까요?"

"일단 지금 거래하고 있는 은행에 가서 세금 면제 은퇴 계좌인 IRAIndividual Retirement Account를 여는 게 좋을 것 같네요. 한국의 연금저축 같은 건데, 매년 8,000달러까지 세금 공제를 해주고, 59.5세까지는 10% 벌금 없이는 못 찾게 하니까 강제력도 있고요. 주식 투자는 이 강제력이 중요해요. 지금 세금을 많이 낼 테니까 로스Roth IRA처럼 세금을 미리 내는 것보다는 나중에 은퇴 후에 세금을 적게 낼 때의 세금 비율로 인출할 수 있는 일반 IRA가 나을 듯해요. 일단 벌써 7월이니까 앞으로 6개월은 1,000달러씩 IRA에 넣고, 내년부터 첫 8개월은 IRA에, 나머지 4개월은 새로운 주식 계좌를 열어 넣는 게 좋겠네요."

"아, 감사합니다. 그렇게 하도록 하겠습니다, 교수님."

교수님의 자산 배분 얘기를 들었지만, 나는 요즘 친구들 사이에서 아주 '핫'한 테슬라에 대한 미련을 버릴 수 없었다. 그래서 교수님께 물었다.

"그런데 교수님, 지금 테슬라가 한 달 만에 45%나 상승해 263달러에 거래되고 있어요. 지금 테슬라를 사는 건 어떨까요?"

"지금 테슬라에 대한 공부는 어느 정도 되어 있죠?

나는 당황했다.

"네… 공부를 했다기보다는 그냥 친구들과 대화를 한 수준인데, 테슬라는 전기차 회사로 자율주행 12.5도 최근에 발표해서 챗GPT처럼 모멘텀을 타고 있다고 들었어요. 또한 에너지 회사라 메가팩 매출도 늘고 있고, 곧 공유택시와 옵티머스 로봇도 나온다고 하네요. 일론 머스크가 회사를 잘 이끌고 있고, 스페이스X와 xAI, 뉴럴링크 등과도 연계가 잘 되었다고 하고요. 무엇보다 제가 새로 모델 Y를 샀는데, 너무 좋습니다!"

"기업 인수합병도 담당하니까 기업 가치평가인 밸류에이션도 해봐야겠죠?"

"네, 교수님. 시간 내서 회사 재무제표와 PER~Price Earning Ratio~도 계산해보고 현금흐름~cash flow~도 봐야겠지요."

"일단은 아직 공부가 안 된 상태니까 주식을 급하게 사는 것보다는 회사에 대한 공부를 조금 더 철저히 해보고 사는 게 좋겠어요. 주식 투자의 가장 기본은 본인이 투자하는 회사가 얼마나 좋은 회사인가를 판단하는 거예요. 물론 똑똑한 친구들과 심도 있게 얘기도 나눠봤겠지만, 본인이 공부를 철저히 해야 주가가 조정을 받아도 믿음이 흔들리지 않아요.

두 번째로 중요한 것은 공부한 후에 적정 주가를 계산해보는 거예요. DCFDiscounted Cash Flow 방식으로 절대적으로 계산해도 되고, 다른 동종 기업과 비교해서 상대적으로 주당순이익EPS, Earnings Per Share에 적절하게 PER 멀티플(프리미엄)을 곱해서 계산할 수도 있어요. 어떤 방식으로 구하든 주관적인 요소가 개입될 수 있으니, 적절하게 범위를 정해서 구해보는 게 좋아요.

주식은 시장에서 사과를 팔고 사듯이 하는 게 가장 좋아요. 주식시장도 결국엔 시장이라 주식을 사과 매매하듯이 싸게 사서 비싸게 파는 게 좋죠. 물론 진짜 투자자들처럼 상장 전에 회사가 자금을 모집하는 펀딩 라운드에 참여하거나, 갓 상장했거나 SPACSpecial Purpose Acquisition Company (기업인수목적회사) 등을 통해 우회상장한 기업에 처음부터 투자하기도 하죠.

아무튼 주식은 시작이 굉장히 중요해요. 공부를 안 한 상태에서 아무 종목이나 사면 비싼 고점에서 물릴 확률이 너무 높아요. 지금도 보면 독립기념일 전으로 주식시장이 너무 좋고, 테슬라도 잘 올라왔으니 주식을 막 사고 싶어지잖아요. 하지만 지금은 시장에 나와 있는 모든 좋은 것들을 반영해서 주가가 최대치까지 올라온 상황이에요. 다시 말하면 주가가 가장 비싼 상태인 거죠."

"아, 그렇군요, 교수님. 조심해야겠네요."

적정 주가 계산법

적정 주가fair value는 주식의 가장 공정한 가격이라고 할 수 있다. 적정한 가격은 시장에서의 거래에 있어서 한 자산이나 채무가 팔리고 해결될 수 있는 가격이나 가격대라고 볼 수 있다. 이 가격의 형성에는 시장의 여건, 생산이나 구입 비용, 수요와 공급, 비슷한 자산의 최근 거래 가격, 자산을 이용할 때 예상되는 수익 등이 영향을 끼친다. 주식도 매수자와 매도자 간의 시장 상황에 맞추어 적정 가격이 형성된다. 주식의 적정 주가를 계산하는 것은 기업 가치를 정하는 밸류에이션의 한 방법이다.

상대적 밸류에이션으로 구하는 방법은 기본적으로 기업의 순수익에 바탕을 둔 주당순이익을 기업의 분기별 실적발표에서 구하는 것이 우선이다. 지난 네 분기의 실적발표를 고려해서 지난 12개월간의 주당순이익을 구하거나, 기업의 가이던스guidance(예상치)에서 1년 치 예상 주당순이익을 구할 수 있다. 산업 상황을 잘 아는 기업의 예상 가이던스가 잘 맞는다고 가정하여 범위를 두고 발표하는 기업의 1년 치 예상 주당순이익을 바탕으로 하는 게 좋다. 여기에다가 동종 산업 분야의 PER이나 그 회사의 향후 12개월간의 성장을 고려하여 조금 더 높은 PER(프리미엄 멀티플)을 곱하면 적정 주가가 손쉽게 계산된다.

예를 들면 엔비디아의 2025년 EPS가 3.24라고 예상하고 여기에 동종 산업 분야의 PER인 30을 곱하면 97달러 정도가 나온다. 만약 현재 엔비디아의 50% 정도 수익 성장을 고려하여 45의 PER을 준다고 판단이 서면[Price/Earning=45/1을 수익이 50% 성장하며 분모 1 대신 1.5로 나누면(즉 45/1.5=30) 내년에는 PER이 안정적으로 30 정도로 떨어질 것으로 예상하여], 45를 곱하면 145달러 정도의 적정 주가가 나온다. 따라서 적정 주가를 100~145달러 사이로 볼 수 있다. 상대적 밸류에이션으로 구하는 것이라 범위가 크긴 하지만 이 사이에서 엔비디아를 구입하면 손해를 안 보고 멘탈이 안정되게 투자할 수 있다. 2025년 희망 목표 주가를 170달러로 보고 투자하면 올해 어느 정도의 수익률이 예상될지도 가늠할 수 있다.

절대적 밸류에이션으로 DCF Discounted Cash Flow 방식으로도 구할 수 있다. 이는 미래 일정 기간(예: 5년)의 매출을 바탕으로 각 미래 연도의 현금흐름을 예상하고 이를 할인율WACC, Weighted Average Cost of Capital을 적용하여 현재 가치로 환산해 계산하는 방식이다. 이 방식도 미래의 매출과 현금흐름을 정확하게 예측하고 회사에 적절한 할인율을 적용해야 하는데, 숫자가 조금만 바뀌어도 현재 가치가 바뀌기 때문에 가장 긍정적으로 보는 불케이스Bull Case와 가장 보수적으로 보는 베어케이스Bear Case 사이에서 범위를 두고 계산하는 게 좋다.

직접 계산기로 구하는 것보다는 알파스프레드AlphaSpread나 구루포커스GuruFocus와 같이 DCF를 계산할 수 있는 웹사이트에 들어가서 필요한 숫자들을 넣어보면 쉽게 계산해준다. 구글에 'DCF 종목 티커명(예: DCF NVDA)'을 치면 이런 웹사이트들에서 나온 결과들이 뜨는데 그곳에 들어가서 숫자를 바꾸어주면 된다. 할인율은 WACC NVDA처럼 구글에 검색하면 적절한 할인율을 제시해줄 것이다. DCF로 엔비디아는 136달러 정도가 나온다. 운영 마진을 지금처럼 70%로 유지하며 첫째 해 129억 달러, 둘째 해 196억 달러, 셋째 해 284억 달러, 넷째 해 398억 달러, 다섯째 해 537억 달러, 마지막 해 698억 달러로 매출 성장을 하고, 10%의 할인율을 적용하면 나오는 것이 적정 주가이다. 할인율 11%에는 121달러가 나오며, 9%에는 154달러가 나온다. 매출 전망, 마진율, 할인율, 세금 등이 바뀔 때마다 숫자가 바뀌므로 향후 6년간을 최대한 정확하게 예상해야 한다.

이외에도 모멘텀을 고려해서 그 시기에 가장 적절한 가격을 제시하기도 한다. 기관들의 사자와 팔자, 그리고 중립 의견 등을 종합해 평균을 낸 가격이 가장 적절한 적정 가격이 되기도 한다. 그 어떤 방식으로 적정 가격을 구하든 분석가의 주관은 개입되기 마련이며 오차가 있기 때문에 범위를 두거나 오차 범위를 염두에 두는 것이 좋다.

주식시장은 총 맞으면 끝난다: 돈을 잃지 마라

"주식 투자는 처음 오토바이를 탈 때와 비슷해요. 첫 6개월 동안은 큰 사고들이 많이 나죠. 비가 오면 페인트 부분이 미끄럽고, 길에 모래가 있어도 잘 미끄러져 사고가 많이 나죠. 이처럼 처음 주식을 시작하면 시장의 위험성을 잘 모르고 대비도 안 된 상태라 사고가 많이 나요. 주식 투자는 오토바이 사고처럼 한 번 실수하면 대형 사고가 나기 때문에 주식 계좌를 열자마자 주식을 바로 사는 것은 아주 위험한 행동이라고 보면 됩니다. 전쟁터에 나가는데 철모나 방탄복도 없이 가는 것과 같죠. 주식시장에서 욕심을 부리다 사고가 나면 단 한 번의 실수라도 총에 맞는 것과 같아요. 사망 아니면 최소 중상이죠. 그 실수를 인정하지 않고 손해를 만회하려다 보면 더 큰 사고로 이어지죠. 첫 실수 앞에서 멈춰 서서 공부를 제대로 한 후 다시 시작해야 하는데 대부분은 감정적으로 대응하다 큰 사고로 이어지죠."

"아, 정말 무섭네요, 교수님."

"처음부터 원칙을 지키면서 투자하라고 강조하고 싶어요. 워런 버핏Warren Buffett이 얘기했듯 '잃지 않는 투자'가 가장 중요합니다. 투자 파이의 크기가 계속 커져 나가야 시간이 지나며 큰 복리 효과를 거둘 수 있어요. 토끼보다는 거북이처럼 실수 없이 천천히 가야 하는데, 토끼처럼 빠르게 속도를 내서 부자가 되려고 하면 실수와 사고가 나기 마련이죠. 천천히, 잃지 않고 인내심 있게 원칙대로 투자하시길 바랍니다."

"와, 교수님. 정말 공부해야 할 것이 많네요. 이번 주말은 테슬라를 공부하는 데 써야겠어요. 일단 공부가 끝나기 전에는 주식을 사지 않겠습니다!"

"그런데 공부가 끝나도 지금의 테슬라가 적정 주가보다 비싸기 때문에 조금 기다려야 할 거예요. 지금 적정 주가가 216달러라고 가정하면 263달러는 조금 비싸죠. 따라서 한 종목만 공부하는 것보다는 열 개 정도의 종목을 공부하고, 적정 주가를 계산한 후에 그보다 싼 주식이 나타나면 사는 게 좋겠죠. 열 개니까 위험자산 중에 한 종목당 비중을 10%씩, 지금 수민 씨의 위험자산과 안전자산의 배분이 6:4인 것을 고려하면, 전체 60% 위험자산 중에는 한 종목당 6%씩 가져가면 좋을 거예요."

"네, 알겠습니다, 교수님. 이번 달에는 열 개 종목을 공부해보고 다음 달까지 열심히 적정 주가까지 계산해보겠습니다."

자산 배분 비율, 안전자산은 얼마나 가져가야 하나?

"계란을 한 바구니에 담지 마라"는 말처럼 모든 재산을 위험자산에 투자하는 것은 굉장히 위험하다. 따라서 위험자산과 안전자산을 나누어서 투자하는 것이 위험도를 적절히 조절하며 수익을 낼 수 있기 때문에 바람직하다. 위험자산과 안전자산의 비율은 투자 자산의 규모, 현재와 미래의 지속적인 수입 창출 가능성, 투자 가능한 시간 등에 따라 다르게 정해진다고 보면 된다.

기본적으로 위험자산 투자는 10년 이상을 투자해야 수익이 나는데, 10년 후에 돈이 당장 필요할지, 아니면 30년 이상 기다릴 수 있는지가 중요하며, 그 기간에 지속적으로 수입을 창출하여 투자금이 늘어나는지도 고려해야 한다. 사회생활 초년생처럼 돈은 적지만 투자할 수 있는 시간이 많을수록 실패하더라도 회복 가능성이 높으므로 위험도를 올려서 투자할 수 있다. 반면 은퇴가 가까운 사람처럼 자산은 많이 모였지만 투자할 수 있는 시간이 얼마 남지 않은 경우, 바로 투자금을 회수해서 써야 하는 때에는 실패하면 돌이킬 수가 없기 때문에 위험 부담을 최대한 줄여서 투자하는 것이 정석이다.

미국에서는 100세까지 산다고 가정하고, 100%에서 자기 나이를 뺀 만큼만 위험자산에 투자하라고 한다. 40세이면 100에서 40을 빼서 60%만 위험자산에 투자하고, 60세이면 100에서 60을 빼서 40%만 위험자산에 투자할 것을 권한다. 다시 말하면 본인의 나이 퍼센트만큼 현금이나 안전잔산을 확보해놓아야 한다.

벤저민 그레이엄은 '5:5 전략'을 선호했고, 투자 기관마다 다른 비율을 권장한다. 50세가 넘어가는 필자는 5:5 전략을 쓰고 있으며, 위험자산과 안전자산의 가격변동에 따라 6:4와 4:6 사이에서 자산 비율의 움직임을 관찰하며 위험자산을 팔고 사면서 5:5로 비중을 조절해 투자하고 있다.

찰스 슈왑Charles Schwab은 10년 이상 투자하는 경우에는 60%를 주식에 투자할 수 있고, 3~5년 사이에서 투자할 수 있는 사람은 20%만 주식에 투자하고 나머지는 채권이나 현금을 소유하라고 권하기도 한다.

그만큼 투자 기간이 얼마 남지 않은 사람은 주식으로 수익을 내기 힘들고 위험 부담이 크다는 이야기다. 이는 복리 효과를 계산하는 '72의 법칙'을 보면 알 수 있다. 특정한 수익률을 유지하며 투자금이 2배가 되는 데까지 걸리는 시간을 계산하는 간단한 방법이다. 매년 10%씩 수익을 내면 투자금이 2배가 되는 데까지 걸리는 시간은 72를 10으로 나눈 7.2년의 시간이 걸린다. 매년 15%씩 수익을 내면 4.8년(72/15)의 시간이 걸린다. 72를 투자 기간으로 나누면 매년 수익률을 몇 프로씩 내야 2배를 만들 수 있는지를 계산할 수도 있다. 따라서 최대 5년까지만 투자할 수 있는 사람은 72를 5로 나누면 14.4%씩 수익을 낼 경우 2배를 만들 수 있다.

피터 린치나 스탠리 드러켄밀러Stanley Druckenmiller 같은 전설적인 투자자들은 30%씩 수익을 내기도 했지만, 주식시장에서 10% 이상씩 매년 평균적으로 수익을 내는 것은 정말 힘들다. 하지만 14.4%씩 수익을 낸다고 가정하면 5년이면 본인의 투자금을 2배로 만들 수 있다. 5년 이후에 은퇴해서 돈을 인출해야 하는 상황이면 그 정도의 수익만을 기대해야 하는 것이다. 1억을 투자하면 2억, 5억을 투자하면 10억의 최대 수익만을 기대할 수 있다. 하지만 10년의 시간이 남은 사람은 4배를 기대할 수 있는데, 1억을 4억으로, 5억을 20억으로 만들 가능성이 있는 것이다.

'114의 법칙'은 투자금이 3배가 되는 데까지 걸리는 시간이나 수익률을 계산할 수 있는데, 10% 수익을 계속 내면 11.4년 안에 투자금이 3배가 되는 효과가 있다. 1억이 3억 되는 데 11.4년이 걸리는 것이다. 15%씩 수익을 내면 7.6년에 3배의 수익을 낼 수 있다. 꽤 오랜 시간이 걸리는 것을 알 수 있다.

결론적으로, 3~5년 정도로 투자 기간을 짧게 가져가면 수익률을 올리기 위해 무리해서 위험도를 높여 돈을 잃을 가능성이 높고, 좋은 수익률을 내도 복리 효과가 거의 없으므로 큰 수익을 기대하기 힘들다. 따라서 욕심을 버리고 최대한 안전자산을 높게 가져가 돈을 잃지 않고 약간의 수익만을 기대하는 것이 좋다. 하지만 투자 기간이 10년 이상 길게 남은 사람은 주가가 떨어져도 회복할 때까지 오랜 기간 기다릴 수 있어 실패할 가능성이 적고, 기간이 긴 만큼 복리 효과를 거두어 부자가 될 가능성이 높다. 따라서 위험자산의 비중을 60% 정도까지 높게 가져갈 수 있다.

시대의 흐름을 잡아라: 경제적 해자

첫날이라 나는 시작 전에 많은 질문을 해야만 했다.

"그런데 교수님. 테슬라 이외에 어떤 종목을 더 공부하죠? 미국에 상장된 주식이 6,200개 정도는 되는 것 같은데요."

"아, 그 부분에 대해서는《다시 오는 기회, 미국 주식이 답이다》를 읽어보세요. 제가 스물다섯 개 정도의 종목을 소개하고 적정 주가도 계산해놓았어요. 지금은 종목 그 자체보다는 일단 시대의 흐름을 잡는 게 좋을 것 같아요.

미국은 현재 4차 산업혁명을 이끌고 있어요. 2위를 달리는 중국과의 격차도 크게 벌어져 있지요. 인공지능AI, 자율주행, 사물인터넷IoT, 클라우드 서비스, 휴머노이드 로봇, 양자컴퓨터, 증강·가상 현실, 우주산업, 시스템 반도체 등에서 미국의 빅테크 기업들뿐 아니라 중소형 성장주들이 계속 성장하며 상장되고 수익도 잘 내고 있어요. 중소형 성장주들은 높은 PER을 가져가지만, 매년 20~100%까지 빠르게 매출과 수익률이 증가하면서 PER이 빠르게 떨어지고, 주가도 빠르게 오르는 특징이 있어요(PER은 주가를 주당순이익으로 나눈 것으로, 지금의 주가를 달성하려면 몇 년이 걸릴지가 보인다. PER이 20이면 20년이 걸린다는 의미다).

미국 주식은 전 세계적 관점에서 보면 대형 우량주들이 많아 변동성이 적고, 기업의 실적에 따라 합리적인 주가 흐름을 보여주죠. 실적이 좋아 성장하는 기업은 그에 상응해 주가가 오르고, 이 주가로 주주들에게 보상을 해주죠. 자사주 매입과 주주환원인 배당도 합리적으로 잘해주고요.

물론 미국 주식이 좋다고 해서 다 살 수는 없으니, 일단은 안전하게 '경제적 해자_economic moat'를 달성한 기업들이 좋습니다. 해자_moat, 垓字 는 적이 못 들어오게 성_castle 주위에 둘러 판 연못을 뜻하는데, '경제적 해자'는 이를 차용해 워런 버핏이 만든 말이에요. 즉 연구와 개발에 지속적으로 투자해서 특허 등의 지적 재산권을 획득해 자신만의 사업적 성을 잘 쌓았을 뿐만 아니라 경쟁업체들이 못 들어오게 막아낸 기업들을 고르는 게 중요합니다. 보통 1등 기업이나 대장주라고 불리죠. 클라우드 산업의 마이크로소프트, 아마존, 인공지능의 마이크로소프트, 구글, 메타, 검색·광고의 구글과 메타, 자율주행과 전기차의 테슬라, 스마트폰과 컴퓨터, 인공지능 영역에서 자체 생태계를 잘 구축하고 있는 애플, 데이터센터 등 인공지능 시스템 반도체의 80% 이상의 시장을 점유하고 있는 엔비디아 등이 경제적 해자를 달성한 기업이라고 볼 수 있어요."

"와, 교수님. 정말 큰 그림을 먼저 봐야겠어요. 책도 읽고 공부도 더 해서 다음 달에 뵙도록 하겠습니다."

"그래요, 벌써 시간이 이렇게나 되었네요. 저도 빨리 쇼핑하고 집에 가봐야 해서 오늘은 여기까지!"

"네, 교수님. 한 시간이 순식간에 지나갔어요! 다음에 또 뵙겠습니다."

나는 교수님을 보내드리고 허드슨 강변을 따라 햇살을 즐기며 집까지 걸어갔다. 잠시 청소한 후, 테슬라에 대해 공부하기 시작했다. 교수님 유튜브도 들어가 보고, 테슬라 투자 홈페이지에도 들어가 보고, 10K나 10Q 실적 보고서도 읽어보고, 적정 주가도 계산해봤다. 나를 위한 공부다 보니 정말 시간 가는 줄 모르고 자료들을 찾으며 정리했다. 교수님의 저서 두 권도 한국의 인터넷 서점 알라딘에서 주문했다. 일주일 안에 해외 배송을 해준다니 다음 주말에는 교수님 책을 읽어봐야겠다.

미츠와 옆 일본 서점에 가서 리락쿠마로 장식된 귀여운 투자노트도 준비해보았다. 핸드폰에 노트하는 습관이 있긴 하지만, 뭔가 오래오래 간직하고 싶어서였다. 맨 앞에 반 교수님이 유튜브에서 알려주신 '돈을 잃지 않기 위한 투자 원칙 10'도 적어 넣었다.

1. 목적이 있는 투자

2. 장기투자

3. 자산 배분

4. 분산투자

5. 빚내서 투자하지 말고 레버리지로 투자하지 말자

6. 분할 매수, 분할 매도

7. 욕심내지 말자

8. 예측하지 말자

9. 항상 겸손하라

10. 원칙을 실천해라

10K, 10Q 보고서를 읽어라!

10K와 10Q는 미국 증권거래법에 따라 공개 상장된 회사들이 미국 증권 거래위원회SEC, U.S. Securities and Exchange Commission에 올리는 보고서 양식들이다. 보통 회사의 최고재무담당관CFO이나 외부 회계법인에서 준비한다. 10K는 연례 보고서이고, 10Q는 분기 보고서이다. 10K 보고서는 한 회사의 1년 동안의 금융 상황을 포괄적으로 보고하며, 감사를 거친 재무보고서와 운영토론과 분석을 포함한다. 10Q는 분기별로 내는 보고서이며 감사를 거치지 않은 재무보고서를 포함하고, 회사의 지속적인 금융 여건을 보고한다. 영업과 운영토론, 시장 위험 등을 포함한다. 두 보고서 모두 기업이 잘 운영되고 있는지, 매출·주당순이익·마진율·현금흐름 등 재무 상황은 괜찮은지, 위험 요소는 없는지 등을 투명하게 보여주기 때문에 투자자들은 투자 결정을 할 때 필수적으로 읽어야 할 문서들이다.

이 문서들은 회사의 투자자 홈페이지에 공지되어 있으며, 금융거래위원회의 EDGAR 데이터베이스에서도 확인 가능하다. 10K 보고서는 다음과 같은 일관된 구조를 가지고 있다.

Item 1(1번 항목) 회사 설명

Item 1A 위험 요소

Item 1B 금융거래위원회로부터의 해결되지 않은 지시사항

Item 2 부동산과 동산

Item 3 관련 소송

Item 5 증권 정보: 주식 수, 보유자 수, 배당, 자사주 매입

Item 7 사업 성과에 대한 결과와 분석MD&A, Management's Discussion and Analysis of Financial Condition and Results of Operations, 중요한 회계적 판단, 전망과 가정

Item 7A 시장 위험에 대한 양적·질적 공표

Item 8 미국 회계원칙에 따른 감사를 거친 재무제표와 추가 데이터, 감사 보고서

Item 9 회계 방식과 금융 공표에 대한 변화와 불일치 의견

Item 10 이사와 운영진, 회사 통치와 관련된 규칙들

Item 11 운영진 보상

Item 12 내부자 주식 보유 현황

Item 14 회계법인에 대한 비용과 서비스

3일이면 잊어버린다

효율적 시장과 주가

비를 바랐던 마음을 하늘이 아셨는지 어젯밤부터 퍼붓던 비는 오늘 아침에도 계속되었다. 나름 더위도 식고 연둣빛 나뭇잎들이 바람에 흔들리는 것이 기분 좋은 날이다. 시간은 어느덧 흘러 벌써 8월이고, 이제 이 여름도 가을이 오면 그리움으로 남겠지.

나는 그동안 내 주거래 은행인 뱅크오브아메리카Bank of American에 퇴직계좌 IRA를 열고 1,000달러를 옮겨놨다. 하지만 나는 6월부터 7월 4일 독립기념일까지 무섭게 서머랠리Summer Rally를 펼치며 오른 증시를 보면서 마음이 흔들렸다. 이러다 주식을 못 살 것 같은 기분이 들었다. 나는 이번에 팰팍에서 새롭게 찾아낸 K미용실에 머리를 하러 갔는데, 케이티 헤어디자이너 언니와 주변에 머리를 하러 온 아주머니들도 애플, 엔비디아 등 이것저것 주식을 샀다고 했다. 나도 충동적으로 7월 중순에 주식들이 떨어졌다 오르길래 좋은 타이밍이다 싶어 이것저것 사보았다. 평소에도 필요한 것 이외에 원하는 것을 충동적으로 사는 경향이 많아 저축을 잘 못하는 성격이다. 나름 반 교수님 책도 읽고 공부도 끝난 상태에서 좋은 주식들이라 생각해서 샀다. 테슬라 250달러, 엔비디아 120달러, 애플 220달러, 아마존 180달러, 구글 178달러 등 다섯 종목을 각 한 주씩 샀다.

하지만 곧 주식시장이 폭락하며 내가 산 주식들의 주가는 모두 하락하고 말았다. 결과는 처참했고 무서웠다. 8월 5일 현재, 테슬라 191달러, 엔비디아 99달러, 애플 209달러, 아마존 162달러, 구글 160달러. 총 948달러에서 821달러로 불과 2주 만에 13%나 손해를 봤다. 돈이 조금 더 있어서 마이크로소프트까지 샀으면 437달러에서 395달러까지 떨어졌을 것이다. 나는 급한 마음에 반 교수님께 긴급구조 요청을 보냈다. 교수님은 흔쾌히 나와주신다고 했다. 이번에는 팰팍에 있는 빵가게 다방 D'avant에서 보기로 했다. 다방은 딸기 케이크가 맛있고, 주차도 편리하고, 커피 마시며 대화 나누기에 좋아서 우리 교회 청년들이 자주 가는 곳이다.

점심을 대충 때우고, 아파트를 빠져나올 때쯤 비는 멎고 바람도 있는 적당히 더운 오후였다. 나는 약속 시간보다 10분 정도 먼저 가서 창가 조용한 쪽에 자리를 잡았다. 반 교수님도 금방 도착하셨다.

"오랜만이에요! 잘 지냈나요, 수민 씨?"

"네, 교수님. 잘 지내셨죠? 빵하고 커피 드실래요? 오늘은 제가 사겠습니다."

"그래요? 그럼, 시원한 '아아'로 부탁해요."

나는 아이스아메리카노 두 잔과 딸기 케이크, 아몬드 크루아상을 받아서 왔다. 자리에 앉기 무섭게 나는 나의 긴급한 상황을 교수님께 털어놓기 시작했다.

"교수님, 제가 사고를 치고 말았어요! 웬만하면 적정 주가 아래에서 싸게 사야 했는데, 주가가 5~6% 정도 떨어졌길래 타이밍이 좋다는 생각에 지난번 교수님께서 말씀하신 좋은 주식들을 사버렸어요. 그 이후에도 8~9%가 더 떨어져버려서 벌써 13% 정도 손해를 보고 있어요. 테슬라, 엔비디아, 애플, 아마존, 구글, 이렇게 다섯 종목이에요. 운 좋게 메타, 마이크로소프트는 돈이 부족했던 탓에 못 사서 손해를 안 봤어요. 어떡하죠, 교수님? 이렇게 계속 떨어지면…. 벌써 나스닥이 고점 대비 13%나 떨어졌어요. 너무 무서워요."

"워워, 진정하세요, 수민 씨. 너무 걱정하지 마세요. 아직 10% 정도밖에 안 떨어진 데다가, 아직은 투자 금액도 작고 한 번밖에 안 샀으니 괜찮아요. 게다가 조금은 떨어졌을 때 사서, 적정 주가보다 조금만 비싸거나 떨어진 주식들을 사서 다행이에요. 2분기 실적까지 봐서 계산하면 테슬라는 200달러 정도이고, 엔비디아는 118달러, 구글 170달러, 메타 500달러, 애플 200달러, 아마존 170달러, 마이크로소프트는 400달러니까 지금은 주식들이 할인한다고 생각해야 해요.

일단은 적립식 DCADollar Cost Averaging로 매달 사는 것으로 지난번에 얘기했으니까, 이제 8월에 1,000달러를 더 넣어서 같은 주식들을 한 주씩 더 사면 평균단가(평균적으로 산 가격, 평단가)가 낮아져 종목별 적정 주가까지 낮아지니까 괜찮을 거예요. 원래 주식은 분할해서 사야 하는데 시간을 두고 분할해서 월급이 들어오는 대로 사도 되고, 아니면 모아놓은 투자금을 적절하게 나누어서 구입하면 괜찮아요. 현명한 투자를 하고 있다고 생각해도 돼요.

그런데 투자금이 작아서 아직은 종목별 비중이 잘 안 맞겠네요. 100% 중 10%씩 열 종목을 공부해서 사라고 했는데. 다섯 종목을 샀으니 어떤 종목은 주식 비중이 20%가 넘는 듯하고, 어떤 종목은 10% 정도네요. 일단 조금 싸게 산다고 생각하고, 적정가 기준으로 많이 떨어진 테슬라, 엔비디아와 475달러인 메타, 395달러인 마이크로소프트를 한 주씩 '줍줍'하면 되겠네요. 비중은 차차 맞춰가면 될 것 같고요."

"감사합니다, 교수님! 이제야 안심이 되네요. 제가 교수님 말씀대로 산다고 가정하고 계산해보면, 이번 달에 계좌에 100달러 정도 더 넣어서 1,100달러를 가지고 사면 메타 24%, 마이크로소프트 20%, 테슬라 19%, 애플 11%, 엔비디아 10%, 아마존 8%, 구글 8% 정도로 맞출 수 있겠네요. 제가 돈을 더 넣긴 했지만, 퇴직연금 빼고 제 파이가 벌써 1,981달러로 커지겠네요!"

그래도 두려운 마음은 남아 있었다. 그래서 교수님께 물었다.

"그런데 교수님. 지금 주식시장이 S&P500도 10%나 하락했고 나스닥도 13% 이상 하락했는데, 더 큰 조정이 와서 계속 내려가면 어떻게 하죠? 엔캐리 청산 때문이라고 하던데 맞나요?"

"좋은 질문이에요. 8월 5일 블랙먼데이Black Monday에는 여러 가지 이유로 주식이 하락했어요. 주가가 하락하는 데는 여러 가지 이유가 복합적으로 작용하죠. 단 한 가지 이유로 설명하는 전문가들이 있는데 이는 조심해야 해요.

첫째는 미국 실업률이 4.3%까지 올라서 '샴의 법칙'이 적용되어 미국이 침체에 빠졌다는 공포가, 두 번째는 엔화 가치가 금리 인상으로 상승해 값싸게 엔화를 빌려 미국 주식에 투자했던 기관들이 갑자기 주식을 팔아서 엔화를 갚아야 하는 '엔캐리 청산

현상'이 있었어요.

세 번째는 전설의 투자자 워런 버핏이 애플 주식을 대량 매도하면서 미국에 위기가 오고 있다는 분위기도 있었고요. 네 번째는 지금 이스라엘과 우크라이나의 전쟁으로 지정학적 위험성이 높아지고 있는 상황이에요. 물론 이유를 찾자면 더 많겠지만, 이러한 복합적인 공포 원인들이 한꺼번에 작용하면서 이번에 주식시장이 타격을 받았죠.

하지만 미국 주식시장은 굉장히 효율적이에요. '시장의 효율성efficiency'이라는 것은 정치, 경제, 시장에서의 다양한 원인이 주식시장의 주가에 영향을 미치지만 대부분 반영되면서 회사의 원래 펀더멘털대로 주가가 돌아오는 것을 말해요. 미국에서는 '3일의 법칙3-day Rule'이라고 부르는데, 보통 3일이면 주가는 원래대로 돌아오죠.

이러한 주식시장의 효율성을 중간 정도 강하게 믿는 것을 '세미스트롱semi-strong하게' 믿는다고 하는데, 과거의 데이터들이나 현재 일어난 일들은 대부분 주가에 3일 안에 반영된다는 거죠. 한국에서는 '기적의 선반영'이라고 부르기도 해요. 물론 전문가마다 성향이 다르긴 하지만, 과거의 데이터와 차트에 의존하는 사람들은 이 효율적 시장을 약하게 믿는 것이고, 저처럼 강하게 믿는 사람들은 우리가 알고 있는 것들이 주가에 이미 다 반영되어 있다고 생각하고 전략을 짜죠. 따라서 우리가 예상하지 못하는 무엇인가가 정치적으로, 경제적으로, 아니면 개별 산업이나 주식별로 갑자기 나타날 때 주가는 크게 움직인다고 보는 거죠. 주가가 계속 하락하던 기업도 뭔가를 준비하고 있다가, 좋은 연구 결과가 예상치 않게 나오면 주가를 상승시키죠. 하지만 이런 내부 정보는 알기가 참 힘들죠.

따라서 결론적으로 얘기한다면, 이번 8월 5일의 블랙먼데이 사건도 3일이면 모두 주가에 반영되어 며칠 안에 다시 상승할 가능성이 있어요. 기업의 펀더멘털인 수익성에 근본적인 영향을 미치는 사건들은 아니거든요. 침체가 왔다고 하기도 그렇고. 물론 올해 침체가 온다고 하여 머니마켓펀드MMF, Money Market Fund에 많은 돈이 들어가 있는데, 이 돈들이 주식시장으로 들어오려고 기다리고 있고, 시장의 저축과 투자성 통화량을 나타내는 M2 통화량도 계속 증가하고 있어요. 11월 5일 대선이 다가오면서 정부에서도 돈을 계속 풀어 M1 통화량도 증가하고 있고요. 또 올해는 2015년부터 시작된 4차 산업혁명이 완성기에 도달하고 있는 시기라, 빅테크를 위주로 한 테크 기업들이 수익을 굉장히 잘 내고 있죠. 긍정적으로 생각할 부분이 많이 있어요."

샴의 법칙이란?

미국 경제가 침체에 들어갔는지를 알려주는 경제지표 중 하나이다. 경제학자인 클라우디아 샴Claudia Sahm이 연방준비위원회에서 일하면서 2019년에 개발한 규칙이다. 샴의 법칙Sahm Rule은 실업률을 바탕으로 계산하는데 3개월간의 실업률 평균이 지난 12개월 동안 가장 낮았던 3개월간의 실업률 평균과 비교하여 0.5% 이상 상승하면 샴의 법칙이 적용되어 경기 침체에 들어간다는 것을 보여준다. 샴은 이것이 어떤 명제나 법칙으로 고안된 것이 아니고 경험적인 규칙에 기초한 것이라고 경고하고 있어서 절대적인 침체를 보여주기는 힘들다. 샴은 이 규칙이 적용되면 경제 부양에 필요한 돈을 시민들에게 자동으로 지급할 수 있는 시스템을 만들고자 했을 뿐이라고 설명한다. 하지만 2001년 6월 닷컴 버블이 터지기 세 달 전, 2008년 2월 리먼브라더스 사태가 발생하기 두 달 전, 2020년 4월 코로나 사태가 일어나기 두 달 전에 샴의 법칙이 적용되었기 때문에 충족되면 주식시장에 공포를 자아낼 수 있는 지표이다.

엔캐리 청산이란?

2024년 8월부터 미디어에 단골 주제로 등장한 것이 '엔캐리 청산'이다. 엔캐리 트레이드Yen Carry Trade란 오랫동안 마이너스 금리를 유지하며 저평가되고 안정된 엔화를 일본은행에서 싼 이자로 빌려서 호주나 뉴질랜드처럼 이자율이 높은 곳이나 수익성이 높은 자산에 투자하여 수익을 남기는 매매 전략이다. 2023년부터 오픈AI의 챗GPT의 등장과 엔비디아와 빅테크의 실적 기여로 미국 주식시장이 호황을 누렸기 때문에, 많은 투자가가 엔화를 빌려서 미국 빅테크에 투자하여 수익을 냈다. 하지만 2024년 3월과 7월에 일본이 금리를 두 번 인상하며 −0.1%였던 금리가 0.35%까지 오르게 되면서 일본에서 엔화를 빌렸던 투자가들이 급하게 잘 오르던 미국의 투자 자산에서 수익 실현을 하며 돈을 빼 일본의 엔화를 갚게 되었다. 이를 '엔캐리 청산'이라고 불렀다.

월가가 만들어놓은 거짓과 진실

"와, 교수님. 깊이 있는 인사이트를 나누어주셔서 감사합니다. 그러면 교수님, 이렇게 효율적인 시장인데 제가 일일이 신문을 찾아보고 주가가 왜 올라가는지 떨어지는지 다 분석해볼 필요가 있을까요?"

"좋은 질문이에요! 유럽의 워런 버핏이라 불리는 앙드레 코스톨라니André Kostolany의 강아지 비유처럼 주인에게서 멀어진 강아지도 결국 집에 돌아올 때는 주인에게 돌아와요. 주가가 아무리 오르고 떨어져도 연어가 상류로 다시 돌아오듯 결국엔 적정한 주가로 회귀하는 경향이 있죠.

따라서 시장의 호재나 악재만 따라다니는 것은 위험한 행동이에요. 호재가 있는 기업의 주가는 잘 오르는데 너무 많이 올라서 이를 따라가다 보면 고점에서 사게 되는 경향이 생기고, 악재가 있는 기업은 주가가 지나치게 떨어져 무서워서 너무 저점에서 싸게 팔게 되는 경향이 생기죠.

그래서 거시경제, 정치, 산업 분야의 흐름, 개별 기업의 호재와 악재 등 다양한 이유를 파악하고 왜 주가가 올랐고 펀더멘털인 기업의 수익에 어느 정도 영향이 있는지, 이것이 어느 정도 주가를 올리는 게 합리적인지를 파악하는 것은 중요해요. 주가가 떨어지는 이유를 파악해서 기업의 펀더멘털과 관련 없는 경우에는 좋은 기업이 일시적으로 영향을 받은 것이기 때문에 오히려 그때는 싸게 줍줍할 수 있는 좋은 기회가 되겠죠.

계속해서 주가가 '왜' 움직이는지를 겸손하게 파악하다 보면 어느새 시장을 보는 시야가 달라질 것이고, IQ 1,000이 넘는 '미스터 마켓'을 조금이나마 이해할 수 있을 거예요. 이성적인 판단을 계속하다 보면, 높은 파도에 휩쓸려 가면 정신을 못 차리는 것처럼 시장에 휘말려 감정이 소용돌이치는 일도 적어지고, 결국 통찰력과 지혜가 생겨 전략적으로 대응하는 재야의 고수가 되겠죠!"

"아, 그렇군요, 교수님. 재야의 고수! 저도 될 수 있다니 멋진데요. 그러면 이러한 이유를 파악하며 분석하는 데 어떤 툴tool을 이용하는 게 좋을까요? 요즘은 인터넷에 정보가 넘쳐나고 유튜브도 너무 볼 게 많아요."

"맞아요. 그래서 요즘 같은 시대에는 '정보 분별력information literacy'을 키우는 게 중요하죠. 정보가 너무 많아 무엇이 중요한 정보인지를 판단하는 게 너무 어려워요. 가장 중요한 것은 '신빙성reliability'인데, 정보를 제공하는 자의 소속과 이름, 자격 등을 나타내는 권위authority가 있는가, 공공기관이나 비영리단체에서 나온 공식적인 자료인가, 저작권을 위반한 짜깁기식 정보는 아닌가 등을 판단하여 결정할 수가 있죠. 〈블룸버그〉, 〈로이터〉, 〈월스트리트저널〉, 〈뉴욕타임즈〉 같은 유명 미디어들의 정보도 신뢰할 수 없을 때가 많고, 소셜미디어와 유튜브의 정보에도 가짜와 틀린 것들이 너무 많죠. 대부분은 자신들의 이해관계를 반영해 정보를 만들어내죠.

하지만 주가란 이처럼 월가나 주류 미디어들이 만들어놓은 사실fact들에 의해 움직이는 경향이 있어요. 물론 효율적인 시장은 3일 이내에 주가에 반영하겠지만요. 거짓은 항상 진실보다 먼저 오잖아요. 일단 월가가 만든 전문가들이 자신들의 이해를 반영한 사실들을 퍼뜨리면 주가가 큰 영향을 받게 돼요. 하지만 진실이 밝혀지면 결국 주가는 원래 자리로 돌아오게 되죠. 소문 때문에, 혹은 사고 뉴스 때문에 판다는 말도 많이 들어봤을 거예요. 진실인지 아닌지도 모르는 소문 때문에 사람들은 주식을 사서 주가를 올려요. 하지만 결국 진실이 담긴 뉴스가 나오면 다 팔아버리죠."

"아! 정말 중요한 사실을 알았네요. 뉴스나 정보를 대할 때 꼭 기억해야겠어요. 교수님, 감사합니다!"

나를 버려라: 객관적 투자 메타인지 능력

정말 중요한 얘기들이라 앞에 놓인 케이크와 커피도 눈에 안 들어올 정도로 몰입해 들었다. 카페 창문 사이로 햇빛이 강하게 들어왔지만 안은 에어컨 바람으로 시원했고, 간간이 카페 문이 열리고 닫히는 소리가 들렸다. 나는 아직도 내가 13%의 손해를 보고 있다는 생각을 떨쳐버릴 수가 없었다.

"그런데 교수님, 제가 지금 평단가가 높은데 팔았다가 다시 시작하는 것은 어떨까요?"

"사람들은 '가격 편향anchoring bias'과 '손실회피 편향'을 가지고 있어요. 편견과 아집이라고나 할까요. 본인이 산 가격의 평균인 평단가에 집착해서 적절한 판단을 흐릴 때가 많죠. 또한 조금만 손실을 보더라도 무서워서 빨리 파는 경향도 있고요. 주가는 매수자와 매도자의 수요와 공급이 만나서 이루어지는 변화무쌍한 생물체라고 볼 수 있죠. 미스터 마켓은 IQ가 1,000이 넘는다고 했잖아요. 우리가 예측할 수도 없고 멈춰 있지도 않아요. 수익이 난 것 같지만 금방 사라지고, 손해가 난 것 같지만 금방 회복하고…, 재밌죠.

다시 말하면, 주식은 가장 싼 저점에서 사는 것도 불가능하고 가장 비싼 고점에서 파는 것도 불가능해요. 따라서 '적절하게' 분할해서 쌀 때 사고, 비쌀 때 팔아서 '적절하게' 비싸게 수익 실현을 할 수밖에 없는 거죠. 주식을 사고 조금 더 떨어지더라도 참고 견뎌서 다시 오르길 기다리고, 주식을 팔고 조금 더 오르더라도 인내하고 다시 떨어지길 기다려야 하죠."

"아, 알겠습니다, 교수님. 적정가 기준으로 판단했으면 일희일비하지 말고 잘 참고 견뎌야겠어요."

"맞아요. 고점을 잘못 잡아서 손해가 난 경우에는 보통은 고점 대비해서 10% 이상 하락하면 손실 처리stop loss를 통해 손실을 방어하고 빠져나오는 게 정석이죠. 주식 거래 사이트에는 스톱로스와 트레일링스톱trailing stop 기능을 제공하는 곳도 있어요. 스톱로스는 특정 가격에 도달하면 시장가나 정해놓은 가격에 팔라는 주문 기능이고, 트레일링스톱은 고점 대비 5%나 10% 등 몇 % 떨어지면 시장가나 특정 가격에 팔라고 미리 정해놓는 기능이에요. 손실을 방어하는 매매 기능이긴 하지만 잘 쓰면 하락장에서 손실을 최대한 줄일 수 있어요. 물론 이 기능들은 매수하는 기능들과 같이 써야 효과가 있죠. 예를 들면 테슬라를 240달러에 팔게 걸어놓고 적정가 밑인 210달러에 다시 사는 주문을 같이 넣는 거죠. 그러면 30달러 정도의 손해는 막으면서 다시 싸게 주식을 살 수 있죠. 주가 차트를 보면서 기술적 분석technical analysis을 하며 저항선이 뚫리는 곳과 그다음 지지선이 있는 곳도 파악하면 좋은데, 나중에 기회가 되면 차트 읽는 법도 알려줄게요.

따라서 수민 씨는 아직은 13% 정도 떨어진 수준이고, 지나치게 고점을 잡은 것도 아니고, 적립식으로 이제 시작했기 때문에 현재로서는 크게 신경 쓰지 않아도 돼요. 산 주식들의 주가가 지금보다 더 떨어졌을 때 적정가 밑에서 사면 평단가는 더 내려갈 거예요. 참, 그리고 평단가는 적정 주가보다 낮춰놓는 게 좋아요. 이 주관적인 평단가는 나중에 주식을 팔 때, 세금 계산할 때만 의미가 있어요. 이 평단가 기준으로 수익이 났는지, 손해가 났는지는 분기별로나 연별로 판단하는 게 좋아요."

"감사해요, 교수님. 이제 마음이 안정되고 평화가 찾아왔네요. 귀한 시간 내주셔서 정말 감사합니다."

"아니에요, 아직 가을 학기 시작 전이라 여유가 있네요. 이제 시작점이라 많은 설명이 더 필요할 것 같아요. 8월에는 두 번 정도 더 만날 수 있겠네요!"

"정말이요? 정말 감사드립니다. 그러면 제가 다음 주에 좋은 브런치 식당을 예약해서 뵙도록 하겠습니다!"

"그래요, 그럼 다음 주에 봐요!"

우리는 먹은 것들을 정리하고 각자의 집으로 향했다. 뜨거운 햇살이 내리쬐었지만, 교수님을 만나고 마음에 평화가 와서 그런지 기분이 많이 좋아졌다. 다음 만남이 기대된다.

메타인지 능력과 객관적 투자

'메타인지metacognition'란 자신의 생각에 대한 생각을 의미한다. 자신의 생각과 실천에 대한 계획을 세우고 측정하며 평가하는 과정을 의미한다. 기본적으로 자신의 생각과 배움에 대해 평가하고 이를 인지하며 스스로를 '생각하는 자', '배우는 자'라고 가정하고 접근한다. 스스로의 배움과 지식을 객관적이고 비판적으로 생각하며 자신의 부족함을 채우고 통찰을 키워나가는 기술이자 능력이라고 볼 수도 있다. 메타인지 기술과 능력이 높은 사람이 학습과 일에서 높은 성취도를 달성하게 된다.

주식 투자도 이처럼 메타인지 능력을 키워 지속적으로 생각하며 자신의 전략이 좋은 성과를 내고 있는지 평가할 필요가 있다. 늘 변화하여 허상이라고 볼 수 있는 주가를 기준으로 삼거나 본인이 주식을 매입한 가격의 평균인 평단가를 기준으로 판단하면 주관적인 판단이 되며, 가격에 대한(즉 적당한지, 비싼지, 싼지에 대한) 어떠한 객관적인 피드백도 얻지 못하게 된다. 한국 사람들이 모두 빅테크 중의 어떤 한 주식을 사다 보니, 이 주식이 가장 인기 있는 대장주가 된 것처럼 보여 또 다 같이 동참하여 사고… 그렇게 주가가 모멘텀을 타고 계속 오르는 경우가 있다. 하지만 한국 사람들의 거래가 그 주식의 전체 거래량의 1% 미만도 차지하지 못해 미미한 영향만을 준다는 것을 메타적으로 파악하지 못하면, 다른 거시적인 문제로 주가가 하락해도 한국인들만 그 주식의 고점에 물려 고생하는 일이 비일비재하다. 4차 산업혁명을 이끌고 있는 빅테크 기업들은 전

세계인들이 사는 주식이기 때문에 큰 그림을 보지 못한 채 한국인들의 매수 동향이나 한국 미디어나 유튜버들만 믿고 따라가다 보면 잘못된 판단을 하기 쉽다.

따라서 기업의 실적과 펀더멘털을 바탕으로 한 절대적인 기준이 필요한데, 이를 적정 주가라고 볼 수 있다. 장기적인 은퇴 시기까지의 시간과 분기별로 나오는 실적들에 바탕을 두어 계속해서 성장하고 있는 좋은 기업인지를 판단하는 것이 중요하다. 실적에 바탕을 둔 적정 주가를 계산하고 그것을 기준으로 객관적으로 주식이 싼지 비싼지를 판단하여 주식을 매매하는 것도 메타적인 투자 방식이라고 볼 수 있을 것이다. 따라서 주식 투자의 성공 비밀은 나만의 주관적인 기준보다는 나의 판단과 결정에 대한 거시적인 정치, 경제, 주식시장의 상황과 맥락에 비추어 내가 가는 방향과 전략이 옳고 그른지 큰 숲을 보며 끊임없이 평가하고 생각하는 메타인지 능력을 끊임없이 발전시키는 데 있다.

8월 두 번째 만남

투자, 매매, 도박?

감정에 휩싸이면 끝난다: ENTJ, INTJ가 주식을 잘하는 이유

지난 두 달 동안 허드슨강 너머 뉴저지 쪽으로 이사하며 있었던 나를 둘러싼 무수한 일들이 오늘에서야 정리된 느낌이다. 이 새로운 집으로 오면서 우울함도 사라지고, 심적으로 평화가 찾아왔다. 주님께서 하시는 일은 정말 놀라울 뿐이다. 아파트 창문 밖으로 보이는 단풍나무 위로 비치는 햇살을 바라보며 이보다 평온하고 기쁘고 만족스러울 수는 없을 것 같다. 스위스의 정신의학자 폴 투르니에Paul Tournier의 《강자와 약자》를 읽으며 그동안 풀지 못했던 사회생활과 인간관계에 대한 답까지 찾을 수 있게 되어 감사하다. 강한 반응을 보이든 약한 반응을 보이든 신께서 보시기에 타당한 쪽을 분별하는 능력과 그 어딘가에 성령이 이끄시는 솔직하고 담대한 삶이 있다는 놀라운 삶의 비밀을 알아낸 것 같다.

드디어 기다리던 주말이 돌아왔다. 요즘은 주식 투자 공부에

푹 빠져 있는 나를 본다. 나는 에지워터에 있는 70년 전통의 유명한 브런치 가게인 오리지널 팬케이크 하우스Original Pancake House에서 반 교수님을 11시쯤 만나기로 했다. 아침부터 푹푹 찌는 날씨지만 예약이 안 되는 곳이라 나는 30분 정도 일찍 가서 줄을 섰다. 교수님도 약속 시간보다 빨리 도착하셨다.

"잘 지냈어요? 많이 덥죠?"

"네, 교수님. 너무 더워요. 어디 수영장에라도 가봐야 할 것 같아요."

"좋은 생각이에요. 아메리칸 드림 몰American Dream Mall이 개장했던데 친구들하고 드림웍스 워터파크에 가봐요. 한국 캐리비안베이처럼 잘해놨던데요."

"아, 그래요? 정말 좋은 생각이세요. 친구들을 불러서 한번 가야겠어요."

어느새 자리가 마련되어 향긋한 커피와 맛있는 음식 냄새로 가득 찬 가게로 들어갔다. 사람들로 북적북적한 넓은 식당 안 한가운데 동그란 오크 테이블로 자리를 안내받았다. 주문하려면 꽤 걸려서 앉자마자 주문을 했다. 커피와 함께 팬케이크와 계란프라이, 감자, 베이컨을 콤보 세트로 골고루 시키고 우리는 얘기를 이어갔다.

"교수님, 지난번은 정말 감사드려요. 완전 패닉 상태에 빠져 있었는데, 교수님을 뵙고 나서 많이 안정되었어요. 놀랍게 증시도 거의 다 회복되었고요!"

"다행이에요. 주식은 지난번처럼 떨어졌을 때 감정에 휩싸이면 패닉셀panic sell을 하며 주식을 팔게 되는데 굉장히 위험해요. 보통 사람들은 화가 났다가, 우울해지고, 결국 받아들이며 덤덤해지다, 나중에 다시 좋은 소식이 나면 기뻐하는 등 감정 변화를 겪죠. 이처럼 감정은 쉽게 쉽게 변하기 때문에 주식 투자에는 굉장히 위험합니다. 주식 투자는 감정을 배제하고 최대한 냉정하게 하는 게 중요해요. 그래서 엔티제ENTJ나 인티제INTJ가 주식을 잘할 수 있는 좋은 성향을 가지고 있어요. 마이어스-브릭스Myers-Briggs Type Indicator 테스트, 소위 MBTI 테스트는 요즘 많은 사람이 알고 있는 심리적 성향 성격 분석인데, 일단 본인 성격을 테스트해보고 투자를 시작하는 것도 좋아요. 수민 씨는 어떤 유형이 나오나요?"

"아, 저는 INTJ, 인티제예요. 일단 잘할 수 있겠군요! 교수님은요?"

"저는 엔티제입니다. 저도 그래서 잘하죠, 하하!" 멋쩍으셨는지 교수님은 크게 한번 웃으셨다.

"일단 주가에 대한 감정적인 대응은 하지 않겠네요. 회사의 펀더멘털에 근거해서 적정 주가를 계산하고 이를 기준으로 합리적인 판단을 하리라 봅니다. 주식은 귀가 얇으면 잘 못해요. 이곳저곳 돌아다니면서 직장, 카페, 술집, 미용실, 경로당, 네이버카페, 채팅창 등에서 주린이(주식 어린이)들끼리 하는 얘기나 신문, 미디어, 유튜브에서 하는 얘기들도 절대적인 것으로 받아들이면 안 돼요. 호재와 악재를 따라다니며 감정적으로 대응하게 되면 합리적인 판단을 그르치게 됩니다.

이전에 얘기했지만 호재가 나면 주가는 이미 3일 안에 다 반영하여 이미 주가는 오른 상태가 되고, 악재 또한 주가는 이미 다 반영하여 떨어질 만큼 떨어진 상태가 되죠. 오히려 감정과 반대로 하려고 하는 게 도움이 될지도 몰라요. 워런 버핏은 누군가 당신에게 한 이야기에 감정적인 대응을 하면 고통은 계속될 거라고 하면서, '진정한 힘은 느긋하게 물러나서 모든 것들을 논리적으로 관찰하고 절제하는 것이에요. 일단 다양한 말들이 당신을 통제하면, 그것은 모든 사람이 당신을 통제할 수 있다는 것입니다. 숨을 쉬고 무시하고 상황이 잘 지나가도록 내버려두세요'라고 했어요.

성격은 주식 투자 전략을 바꾸죠. MBTI 이외에도 성격이 급한 사람과 느긋한 사람이 있죠. 성격이 급한 사람은 짧은 기간 안에 조금만 손해나도 힘들어하고 조금만 수익이 나도 기뻐하죠. 성격이 급하면 장기투자하기가 굉장히 힘들어지고 가치투자 전략이나 성장투자 전략을 쓰기는 힘들 거예요. 적정가보다 싸게 사면 손해가 조금 나도 오랫동안 느긋하게 기다려야 하는데, 한 달도 못 견디죠. '손해가 났네' '주식이 지루하네' 하면서 항상 불만이죠.

　이런 이들은 장기투자 전략보다는 단기 모멘텀 전략을 쓰면서 단기 트레이드, 소위 '단타'를 하는 게 오히려 나아요. 빠르게 투자 결과가 나오기 때문에 이들은 마음이 오히려 편하죠. 오르기 시작하는 종목을 사서 더 올랐을 때 팔고, 헤지펀드들처럼 롱숏 전략을 펴면서 짧은 시간 안에 주식이 올라도 수익을 내고 공매도를 치면서 떨어져도 수익이 나는 전략을 펼치곤 하죠. 사실 장기투자는 회사가 장기적으로 잘할지, 경쟁에서 살아남을지 등 불확실성과 위험도가 높기 때문에 회사가 오랫동안 잘하게 되면 복리 효과로 단기투자보다 수익률이 더 크고 좋죠. 하지만 성격상 단기 트레이드를 해야 마음도 편한, 그에 적합한 사람들도 있답니다."

　"아, 그렇군요, 교수님. 저는 미국 사람들의 프로젝트 기반 성향처럼 느긋한 성격이지만 목표가 있으면 빠르고 효율적으로 계획을 세우고 걸리는 시간과 위험을 고려해 일을 효율적이고 신속하게 처리하는 스타일이에요. 따라서 장기적인 은퇴 목표와 계획에 맞게 가치투자 전략을 세우고 시간과 위험을 고려해서 투자하는 게 맞는 거 같습니다."

"와, 수민 씨가 지금 로펌에서 성공해 주니어 파트너까지 올라간 이유가 있군요! 칭찬합니다!"

"감사해요, 교수님! 그 외에 더 고려해야 할 성격이 있을까요?"

"음, 긍정적인 사람과 부정적인 사람으로도 나눌 수 있겠죠. 상대적이긴 한데, 보통 주식을 처음 하는 사람은 돈을 벌 수 있다는 자신감에 대체로 긍정적으로 시작하죠. 물론 시장이 정말 좋고 기업에도 좋은 호재들이 넘쳐나니까 더욱 긍정적일 수밖에 없죠. 하지만 주식을 오래 하다 보면 10% 이상 하락하는 여러 조정장도 겪고, 20% 이상 떨어지는 폭락적인 침체장bear market도 겪게 되면서 그 긍정의 기운이 조금씩 사라지죠. 본인 주식도 많이 하락하기 때문에 더 그럴 거예요. 보통 경제학자, 경제부 기자, 채권 투자자들이 부정적인 경향이 있죠.

결론은 긍정적인 사람이 돈을 벌고, 부정적인 사람은 돈을 잃는다는 거예요. 하락해 조정이나 침체에 들어선 시장에서 긍정의 마음을 잃지 않고 주식을 사는 사람이 적정 주가보다 주식을 싸게 사 나중에 부자가 될 확률이 높죠. 그 상황에서 부정적인 생각이 자꾸 들면 주식을 파니까, 주식시장이 회복해도 손해가 더욱 커지죠. 피터 린치도 조정을 예측해 돈을 잃는 게 막상 조정이 와서 잃는 것보다 크다고 했어요.

주식이 많이 올라가는 상황에서 긍정적인 사람은 수익 실현을 해 열매를 따더라도 장기적으로 좋을 것이라고 믿기 때문에 주식의 비중을 유지하죠. 그래서 모멘텀을 타고 주식이 많이 올라가면 비중이 올라가 더 열매를 딸 기회가 생기죠. 미국 주식은 결국 장기 우상향(그래프상 오른쪽 위로 상승하는 것)한다고 가정하니까요. 부정적인 사람은 시장이 좋아도 결국 다시 떨어질 거라고 생각하고 주식을 모두 팔아버리죠. 모멘텀이 오랫동안 지속되어 주가가 계속 올라가면 그만큼 수익을 덜 내게 되죠. 결국 어느 상황이든지 긍정적인 투자 마인드가 수민 씨를 부자로 만들어줄 거예요.

하지만 명심할 게 있어요. 지나치게 긍정적_{unjustifiably optimistic}이면 안 됩니다. 나중에 자세히 다룰 시간이 있겠지만, 이를 '확증 편향_{confirmation bias}'이라고 하는데 특정 주식을 맹목적으로 우상 숭배하듯 따라가면 수익 실현도 못 하고 주가가 다시 떨어지면 당황하는 상황이 오기도 해요. 적정 주가 기준으로 판단하는 게 제일 좋고, 회사의 단점이나 위협이 되는 상황, 위험이 닥쳐올지도 모르는 것에 항상 대비하여 자산 배분을 해놓는 게 좋습니다.”

"아, 교수님, 정말 감사해요. 이번에 주가가 떨어져서 너무 힘들었는데, 정말 도움이 됩니다. 합리적으로, 느긋하게, 긍정적인 투자를 하겠습니다.”

"좋아요! 호랑이에게 물려가도 정신만 똑바로 차리면 산다고 하죠. 모를 때는 가만히 있으면 중간은 가요. 미국 주식은 기본적으로 우상향한다는 가정을 믿어야 해요. 1930년대 이래로 미국 주식은 2만 3,436%나 올랐습니다. 만약 부정적으로 잘못 움직여 열흘의 가장 잘 오른 날을 빼서 수익을 못 내면 66%밖에 수익을 못 내게 되죠. 2020년 이후로도 코로나19 사태, 침체장을 겪었지만 주식을 들고 가만히만 있었어도 S&P500은 82%나 올랐답니다. 이 시기 역시 섣부르게 팔아 열흘의 가장 잘 오른 날을 빼면 12%의 수익밖에 못 냈고요.

마지막으로 욕심이 많은 사람과 없는 사람도 중요해요. 지난번에 말한 것처럼 욕심이 많은 사람이 뭐든지 과하게 하는 성향이 있고 원칙을 위반하며 투자하는 경향이 강해요. 전쟁터에 나가서 총을 맞고, 속도를 높이다 교통사고가 나고, 시장에서는 돈을 잃기가 쉬워지죠.”

"네, 감사합니다! 욕심을 버리고 파이팅!”

모멘텀 투자 전략과 롱쇼트 전략

모멘텀momentum 투자는 모멘텀 트레이드나 스윙으로 불려야 하는 게 맞다. 1년 이내로 짧게는 며칠에서 몇 달 동안 한 주식에 호재나 악재가 나와서 분위기가 좋아지거나 나빠지는 경우가 있는데 이를 이용해 방향성에 투자하는 전략을 말한다. 좋은 호재가 계속해서 나오는 경우도 있고, 2023년에 챗GPT가 출시되며 생성형 인공지능과 함께 챗GPT 모멘텀을 가져와서 빅테크를 비롯한 반도체와 관련 산업의 주식들이 분위기 좋게 오르는 경우도 있다. '불타기'라고도 불리는데 이런 상황에 올라타서 그 분위기가 식을 때까지 주식을 가지고 있다가 파는 것을 모멘텀 투자라고 부른다. 전문 트레이더들처럼 기술적 분석을 하며 차트를 보고 타이밍 맞게 잘 들어갔다 욕심 안 부리고 수익률 목표에 다다르면 타이밍 맞게 팔고 나오면서 지속적으로 수익을 낼 수 있다. 하지만 소문난 잔치에 먹을 게 없는 것처럼, 분위기가 식는 상황을 감지하지 못하고 불나방처럼 '불'만 보고 들어가면 주가가 단번에 빠르게 빠질 때 한눈을 팔다가 큰 손실을 입고 불에 타버리기도 하므로 계속적으로 상황을 정확하게 판단하며 주시하지 못하는 주린이들은 피해야 할 전략이다.

전문가들은 변동성에 대비해서 롱쇼트long-short 전략을 쓴다. 사는 롱long과 파는 쇼트short 포지션을 같이 가지고 가는데, 사는 것에 100%를 넣고, 떨어질 것에 대비해서 주식을 빌려 파는 쇼트 포지션에 80%의 포지션을 잡아서 오르는 경우에는 20%의 수익을 보고, 주가가 떨어져도

20%의 손해만 보는 전략을 짜기도 한다. 주가가 떨어지는 것에 대비하는 것을 헤지hedge라고 하는데, 일종의 보험을 같이 가져가는 것이다. 자산 배분을 하는 경우에 현금과 같은 안전자산을 일정 부분 가져가는 것도 헤지의 일종인데, 모멘텀 투자 전략에서는 하락하는 경우에 수익을 내는 쇼트 포지션을 잡아서 헤지를 하게 된다.

주식은 시장에서 사과를 사고팔듯 하라

"절대적 기준인 '적정 가격fair value'을 알면 본인이 수익이 났는지 손해가 났는지를 판단하는 게 더욱 쉬울 거예요. 본인 평단가가 적정가보다 지나치게 높아서 주가가 지나치게 올랐음에도 여전히 수익이 안 났다고 잘못 판단해 그대로 들고 가는 때도 있고, 평단가가 지나치게 낮아서 주가가 지나치게 떨어져도 싸다는 생각을 못 할 때도 있어요. 따라서 본인의 주관적인 기준인 평단가보다는 객관적인 적정가를 알고 저 하늘 위에서 자신을 바라보듯 메타인지 능력을 키워 내가 적정 가격에 기준해서 수익을 잘 내고 있는지 객관적으로 판단하는 게 중요해요.

장기판에 훈수 두듯이 하라는 말을 제가 한 적이 있죠. 적정 가격을 아는 것이 스스로의 감정을 조절하며 최대한 객관적으로 투자할 수 있는 방법이에요. 예를 들면 적정 주가가 150달러인 주식이 200달러까지 올라가면 벌써 25%의 수익을 낸 것인데, 고점인 200달러에 산 사람은 평단가가 200이라 본인이 수익이 안 났다고 판단해 그대로 들고 가는 경우가 많죠. 처음에 잘못 산 것을 인정하고 그 시점에 다 팔아 정리하고, 나중에 다시 적정 주가 수준이나 그 이하로 내려갔을 때 같은 주식을 다시 사서 새로 시작하는 게 나은 판단이죠."

"아, 그렇군요. 절대적 기준이 있어야겠네요. 적정 주가는 정말 중요한 개념인 것 같아요."

"맞아요, 수민 씨. 적정 주가는 영어로는 'fair market value'라고 하죠. 가장 적절하고 정당한 가격, 어떻게 보면 '중간median 가격'이라고도 볼 수 있어요. 하지만 시장의 현재 모멘텀과 실적을 반영한 '절대 가격'이라고 부르는 게 맞죠. 물론 이것을 누구도 정확하게 계산할 수는 없어요. 주가는 시장의 수요와 공급에 따라 늘 변화하는 생물이고 개인의 주관적인 판단이 개입될 수밖에 없죠.

다시 말하자면, 주식은 시장에서 사과를 사고팔듯이 해야 해요. 물론 애플 주식을 말하는 것은 아니고요. 사과 한 알 가격은 5,000원이 적절하다고 판단하면, 시장에 갔을 때 사과가 6,000원이면 비싸서 안 사 먹잖아요. 다른 대체 과일인 귤이나 배 같은 것이 싸면 그것을 사 먹겠죠. 하지만 사과 작황이 좋아 공급이 많아져 사과 가격이 4,000원으로 떨어지면 상대적으로 싼 과일인 사과를 사 먹겠죠. 도매상들은 이러한 싼 사과를 사놓고 잘 보관했다가, 언젠가 6,000원으로 오르면 팔려고 할 테고요. 주식은 투자라고 하지만 상장 전 직접적으로 회사의 주식을 사는 투자와는 조금 달라요. 오히려 이렇게 적정 가격 이상으로 오르면 팔고 내려가면 사는, 일반 시장에서의 매매와 더 비슷하다고 생각하면 돼요."

"와, 정말 좋은 인사이트입니다. 주식은 사과를 사고팔듯이 하라!"

도박판에서 누가 호구인지 모르면 내가 호구다

"워런 버핏은 카드놀이를 하는 도박판에서 누가 호구인지를 모르면 본인이 호구라는 말을 했지요. 드라마 〈미스터 션샤인〉에서도 전당포 주인이 자꾸 도박판에서 돈을 잃어 물건을 가져오는 어떤 부인에게 한 말로도 유명하지요. 적절한 가격과 시장 주체들의 심리와 움직임을 파악하지 못하는 사람은 늘 비싼 가격에 주식을 사고, 공포가 몰아쳐 주가가 가장 쌀 때 오히려 싸게 주식을 다른 이에게 팔아넘기게 되죠.

마치 일상생활에서는 상품의 가격들을 잘 알다가도, 여행지에 가면 모르는 물건들이라 적절한 가격을 알기가 힘든 것과 같죠. 적절한 가격을 모를 때는 근처 다른 상점과 비교해서 싸게 샀다고 생각하지만, 돌아와서 보면 바가지를 썼다는 걸 알게 되는 경우랑 비슷해요. 그 시장 자체가 관광객들만을 대상으로 하는 과열된 시장이었다는 것을 몰랐던 탓이죠.

이러한 일들은 우리 일상생활에서도 비일비재하게 일어납니다. 적절한 집값이 얼마인지 조사가 미흡하면 부동산 업자 말만 듣고 보통 비싸게 집을 사거나 헐값에 집을 팔기도 하죠. 부동산 중개인은 어떤 상황에서도 거래만 성사되면 돈을 번다는 사실을 간과한 것이죠. 주식도 전문가나 유튜버, 미디어의 말만 듣고 사면 비슷한 일을 겪게 돼요."

"그러면 교수님, 제가 이번에 주가가 조금 내려올 때 타이밍을 잘 재서 샀는데, 잘한 건가요?"

"좋은 질문이에요. 저는 투자에 있어서는 '타이밍timing'보다는 그 반대 개념이라 할 수 있는 '프라이싱pricing'을 더 중요하게 생각해요. 물론 '인생은 타이밍'이라는 말도 있듯이, 적절한 타이밍에 주가를 사는 것도 중요하죠. 대체로 주가가 올라갈 때 팔고, 내려갈 때 사는 게 맞아요. 대부분 '낮은 무릎에 사서 높은 어깨에 팔아라'라는 말을 하는데, 저는 이 말을 좋아하지 않아요. 바닥으로 내려갔다가 무릎인 줄 알고 잘못 사면 잠깐 반등하는 고점에 물릴 수도 있고요, 머리까지 가격이 올라갔다가 잠깐 내려오길래 어깨인 줄 알고 팔았는데 상승 모드에서 일시적으로 살짝 빠지는 경우도 있고요.

그래서 올라갈 때 열매를 조금씩 따고, 떨어질 때마다 조금씩 사면 앞의 경우보다는 돈을 더 벌 거예요. RSI Relative Strength Index 라는 것이 있는데 주식 지표 indicator 중 하나예요. 대체로 14일 장기로 RSI가 70 가까이 가며 욕심이 지나쳐 과매수되어 올라가면 열매를 따고, RSI가 30 밑으로 떨어져 과매도로 공포가 팽배할 때 사면 대체로 성공적인 타이밍을 잡을 수 있죠.

주식시장이 너무 좋고 정치·경제적 환경에 전혀 문제가 없고, 그 산업과 종목에 호재만 넘쳐나면 이렇게 과열되는데, 그때가 단기적으로 그 주식이 최대치까지 오를 수 있는 상황이죠. 이럴 때 사면 고점에 물리는 것이니 그 반대로 열매를 따는 것이 맞죠. 물론 최고점이 어디일지는 모르니까 분할해서 사야 하고요. 이럴 때는 보통 적정 주가 이상으로 주가가 올라가게 됩니다.

주식시장이 너무 안 좋고 정치·경제적 혼돈의 상황이 몰아치거나 그 산업 분야나 종목에 악재가 터지면 시장이나 그 주식에는 공포가 팽배하게 되죠. 이때 주식이 지나치게 팔리는 과매도 현상을 겪는데, 이럴 때는 주가가 적정 주가 밑으로 많이 할인되죠. 이때 무서워서 주식을 팔면 가장 가격이 나쁠 때 팔게 되는데, 오히려 이때는 주식을 줍줍해야 해요. 프랭클린 템플턴Franklin Templeton이 말한 '공포에 사라'라는 말이 이런 경우예요. 올라가든 떨어지든 꼭 이유가 있는데, 너무 합리적인 이유들이라 사기가 힘들죠.

타이밍은 나중에 설명하겠지만, 시장 분위기만 보는 '모멘텀 투자'에는 적합할 수 있지만 그 외 가치투자, 성장투자, 적립식 투자에는 적합하지 않아요. 결국 이런 타이밍도 잘못하면 큰 실수가 나오기 때문에 적정 가격 기준으로 판단하는 게 가장 옳고 실수로 돈을 잃을 확률도 적어요."

"네, 알겠습니다, 교수님. 웬만하면 타이밍은 재지 않겠습니다."

주식시장에서 고점과 저점을 파악하는 법

각 증권회사의 거래 사이트를 보면, 여러 가지 유용한 매매 기능과 차트, 그리고 지표를 제공한다. 그중에서 필자가 가장 애용하는 사이트는 '위불_{WeBull}'인데, 직접 거래는 하지 않아도 여러 가지 지표를 편리하고 잘 보이게_{usable} 만들어두었다.

여러 지표 중에 월가 트레이더도 대부분 보는 것이기 때문에 가장 유용하게 쓸 수 있는 것이 RSI와 볼리저밴드_{Bollinger Band}, 그리고 이동평균선이다.

RSI는 'Relative Strength Index'의 약자인데, 시장이 상대적으로 과열되었는지, 과매도되었는지 등 심리적 모멘텀을 파악하는 데 유용하다. 1978년 웰스 와일더_{J. Welles Wider Jr.}에 의해 소개되어 많은 사람이 사용하고 있다. 보통 장기투자자들은 일봉이나 주봉으로 14일 이상의 RSI를 보는데, 70 이상 올라가면 사람들이 지나치게 흥분해 과하게 샀다는 과매수를 보여주고, 30 밑으로 떨어지면 사람들이 지나치게 공포에 떨어 과하게 주식을 팔았다는 과매도를 보여준다. 따라서 모멘텀 투자자들은 70 근처에서는 고점이라고 생각하고 열매를 따기 시작하고, 30 근처나 그 밑에서는 바닥이라고 생각하고 줍줍을 하게 된다.

또한 고점과 저점을 파악하는 데는 주가의 평균을 나타내는 이동평균선과 볼리저밴드를 같이 보는 경우도 있다. 일봉으로 보았을 때, 주가가 모든 이동평균선(5일, 15일, 50일, 100일, 200일)을 넘어서 올라가는 경우에 세 선으로 움직이는 볼리저밴드의 윗선은 중간 평균선(보통 20일 이동평균선과 비슷)에서 표준편차로 2 정도 위에서 움직이는데 이 윗선에 닿거나 그 위로 올라가는 경우에 고점으로 볼 수 있다. 세 선 가운데 아래쪽 선은 주가 평균선에서 표준편차로 2 정도 아래에서 움직이는데, 주가가 그 근처나 그 아래로 떨어지면 주가가 바닥이라고 볼 수 있어 좋은 줍줍 기회를 준다.

CNN에서 제공하고 구글로도 검색 가능한 '공포탐욕 지수_{Fear & Greed Index}'를 보고 고점과 저점을 파악하기도 하는데, 상승하는 종목의 수를 보는 주식시장의 폭_{breadth}과 콜옵션_{call option} 및 풋옵션_{put option}의 비율을 보는 '풋-콜 비율_{put-call ratio}', 안전자산인 채권과 신용점수가 낮은 정크본드_{junk bond}의 수요 등을 보고 시장이 지금 공포 구간에 있는지, 혹은 탐욕 구간에 있는지를 보게 된다. 저울처럼 생긴 이 인덱스는 가운데 침이 중간 45~55 사이에 있으면 중립, 왼쪽으로 기울면 숫자가 낮아지는데 45 밑으로 떨어지면 공포, 25 밑으로 떨어지면 지나친 공포에 시장이 떨고 있다고 볼 수 있으며 싸게 주식을 살 수 있는 좋은 구간이다. 오른쪽으로 움직여서 55를 넘어가면 탐욕 구간으로 넘어가는데, 시장 분위기가 좋아 올라가기 시작한다고 보면 된다. 75를 넘어가면 지나친 탐욕 구간으로 가는 건데 열매를 따기에 정말 좋은 구간이다. 하지만 가운데 50 근처에 있는 경우에는 애매한 상황이라고 볼 수 있는데, 섹터별·종목별로 희비가 엇갈리는 경우가 많다.

이러한 지표들을 하나만 놓고 보면 판단하기가 힘든데, 여러 지표를 종합적으로 보고 시장의 거시경제적·정치적 상황까지 잘 파악하고 있으면 지금이 시장의 바닥인지, 아니면 고점인지를 파악하기가 용이해진다.

예측은 도박이다

"공포나 탐욕은 어둠과 불확실성 속에서 예측할 때 시작되죠. 앞으로 더 올라갈 거라고 예측할 때 탐욕이 일어 사게 되고, 앞으로 떨어질 거라고 예측할 때 공포에 밀려 팔게 되죠. 주식은 관점을 달리해야 해요. 주식을 예측하면 자꾸 타이밍을 재게 되면서 도박성을 띠게 돼요. 오히려 적정 가격을 기준으로 해야 합리적인 판단을 하고 도박성 투자를 피하게 되죠.

예측을 통해 기업의 수익에 기초한 펀더멘털을 무시하고 도박성으로 하는 추측성 투자는 '주식시장'을 '주식판'으로 만들어요. 그래서 맞히면 기쁘고, 빗나가면 화나고 우울해지죠. 기쁘면 그 환희를 못 잊어 도파민에 취해 계속하게 되고, 우울하면 다시 맞혀서 회복하려고 하고…. 이렇게 무한 반복되는 상황이 오게 됩니다. 게임, 술 등에 중독되는 상황과 비슷한데, 도박성 투자는 본인도 모르는 사이 주식에 중독되게 하고, 항상 주가에 신경 쓰며 불행한 투자를 하게 만듭니다. 운이 좋으면 단기적으로는 트레이더들처럼 수익이 날 수 있지만, 일하는 수명이 짧은 트레이더들처럼 시간이 얼마 지나지 않아 지치게 되고 그만두게 되죠. 스트레스를 많이 받기 때문이에요. 장기적으로 돈을 잃기 좋은 환경에 놓이고, 지쳐서 성급하게 베팅을 크게 하다 보면 결국 돈을 잃는 원인이 되죠.

　이렇게 예측과 타이밍을 좋아하는 사람들은 '정당화할 수 없을 정도로 극단적으로 긍정적이거나 부정적으로unjustifiably positive and negative' 되면서 예측과 반대되는 결과가 나오면 깜짝깜짝 놀라게 되죠. 만약 맞히는 데 실패해서 10% 정도의 적은 손해를 본 후에 손절을 하고 빠져나오면 그나마 다행이죠. 보통은 타인을 의식해 실패한 자신의 모습을 주변에 얘기하기도 어려워지고, 본인 상황을 본인도 이해할 수 없다는 자기 수렁에 빠지게 되죠. 결국 빚을 내 3배짜리 파생상품과 연관된 고위험 상품으로 옮겨가 손해를 만회하려고 하죠.

하지만 근본적인 원칙이 없기 때문에 도박성 투자는 계속되고, 그 돈을 모두 잃게 됩니다. 안타깝지만 아주 짧은 기간에 지옥을 맛보게 됩니다. 여기에는 변호사, 의사, 교수, 학자라고 해도 예외가 없어요. 도박은 쉽게 돈을 벌게 해주기 때문에 누구에게나 큰 유혹이 되죠. 나쁜 습관은 쉽게 물들고 빠져나오기가 정말 힘들답니다. 사회적 지위가 높았던 사람들은 도박에 실패하면 더욱 주변의 눈을 의식해 실패를 감추게 되고, 직장과 집을 담보로 빚도 크게 지고 전 재산을 잃게 됩니다. 제가 아는 어느 경영학과 교수도 주식을 담보로 도박성 투자를 하다 전 재산을 잃었어요."

"와, 교수님, 정말 무섭네요."

"맞아요. 무섭죠. 전설의 투자자 피터 린치가 '예측하지 말라'고 한 말이 이런 맥락이고, 워런 버핏이 말한 투자의 가장 큰 원칙 '돈을 잃지 마라'는 예측하지 않고 원칙을 지켜나가는 사람만이 이룰 수 있는 경지입니다. 다시 한번 강조하지만 감정적으로 흥분되거나 공포에 빠지는 것을 피하기 위해서는 프라이싱, 즉 적정 가격을 기준으로 판단하는 것이 중요해요. 호재나 악재가 터져도 적정가 밑이면 기계적으로 사고, 적정가 위에서는 수익이 나기 때문에 수익 실현을 하는 것이 중요합니다."

꽃이 잡초가 되는 날 떠나라

"교수님, 그래도 악재가 터지면 그 기업에 문제가 있을 텐데, 주식을 다 팔고 손절해야 하는 거 아닌가요?

"물론 주가가 떨어지는 이유에는 기업의 근본을 흔드는 문제들은 거의 없어요. 다들 일시적으로 시간이 지나가면 극복될 문제들이죠. 실적이 한 분기 잘 안 나왔다 하더라도 그것이 어떤 흐름을 보여준다기보다는 다음 분기나 그다음 분기에는 기업이 노력해 실적이 더 잘 나올 가능성이 높다고 보는 게 맞을 거예요. 정리해고, 구조조정, 혁신 등 다양한 방법으로 기업들은 위기를 극복하거든요. 물론 악재가 터졌을 때 이 기업의 근본적인 펀더멘털이 흔들려서 성장이 둔화되고, 파산할 것 같다고 판단되거나 분식 회계 같은 도덕성에 문제가 생기는 경우에는 그 주식을 다 팔고 정리해야 해요.

보통 미국에서는 합리적인 공매도 보고서를 통해 이런 경고들을 해주죠. 대체로 이 정도의 악재가 터지면 주가가 엄청나게 떨어지게 되는데, 여전히 희망을 갖고 있는 사람들은 이때다 싶어 그 주식을 싸게 줍줍해 주가를 일시적으로 반등시키는데, 우리는 그 기회를 봐서 뒤도 보지 말고 매도하고 빠져나와야 해요. 결론적으로 공부를 열심히 하고 산 주식이 좋은 주식이었는데, 나쁜 주식으로 바뀌면 모두 팔아야 해요. 꽃이 꽃으로 남아 있느냐, 잡초로 변했느냐는 문제는 잘 판단해야 해요. 그러한 판단 후에 여전히 좋은 꽃인데 주가가 적정 주가 밑으로 내려가 할인을 하면 더 줍줍해야 하죠. 물론 주가가 떨어지면 본인이 정해놓은 비중보다 낮아지기 때문에 이를 채워 넣는다고 생각해도 되고요."

"그렇군요, 교수님. 일단 좋은 주식인지 나쁜 주식인지를 판단하고 여전히 회사가 좋으면 기회라고 생각하는 게 맞는 것 같아요. 좋은 인사이트 감사합니다."

어느새 나온 음식도 모두 맛있게 비우고, 커피도 마저 마셨다. 사람들은 여전히 문 앞까지 들어와 줄 서 있었고, 웨이터도 빠르게 계산해서 영수증이 이미 테이블에 놓여 있었다. 은근히 오래 앉아 있는 것에 눈치가 보였다.

"교수님, 언제 개학이세요?"

"2주 후면 개학이네요. 로스쿨은 학부보다는 일주일 먼저 개학해서, 이제 슬슬 강의 계획서syllabus도 고치고, 수업 준비도 해야겠네요."

"교수님, 개학 전에 한 번 더 만나주실 거죠? 아직도 배워야 할 게 너무 많아요."

"그래요, 다음 주말에 한 번 더 볼 수 있겠네요. 연락 주세요."

우리는 곧장 자리를 정리하고 문밖으로 나왔다. 밖은 아까보다 더 더웠다. 우리는 지하 주차장에서 각자의 테슬라를 타고 집으로 돌아갔다. 오늘 나는 주식 투자에 있어서 가장 중요한 비밀을 깨우친 것 같은 기분이 들었다. 앞으로 정말 잘할 수 있겠다고 다짐했다.

8월 세 번째 만남

가치투자자와 매수·매도법

8월도 이제 거의 막바지다. 2024년이 어제 시작된 것 같은데 벌써 8월이고 곧 가을이라니 믿기지가 않는다. 그래도 적어놓은 일기들을 다시 보니 그냥 시간만 지나간 것 같지는 않아 기분은 괜찮다. 오늘도 여전히 덥지만 어제보다는 시원한 듯하다.

오늘은 여름이 가기 전에 조지워싱턴 다리 아래 허드슨 강변에 있는 공원에서 교수님을 만나기로 했다. 바비큐를 할 수 있는 곳이 있는데, 교수님이 스테이크를 구워주신다고 한다. 나는 샐러드만 준비하기로 했다. 10달러를 내고 공원에 들어와 주차를 하니 교수님은 이미 나무 그늘 아래 바비큐 자리를 잡고 석탄에 불을 피우고 계셨다.

"안녕하세요, 교수님?"

"수민 씨, 어서 와요. 하늘도 파랗고 날씨가 너무 좋은데요. 조금 시원해진 것 같기도 하고 바람도 조금 부네요."

"맞아요, 교수님. 바람에 흔들리는 나무를 보면 기분이 좋아져요. 허드슨강이 오늘은 더 파래 보이네요."

"자, 고기를 빨리 구워 먹읍시다. 10분이면 구우니까 자리에 앉아 있어요."

"네, 일단 가져온 샐러드와 함께 상을 차리겠습니다."

고기는 금방 구워졌고, 우리는 다리 아래로 흐르는 허드슨강과 강 건너 맨해튼 풍경을 보며 맛있게 스테이크를 먹었다.

파도 밑은 고요하다: 적정 주가와 목표 주가, 가치투자

"교수님, 지난번에 말씀하신 좋은 주식을 고르고 적정 주가보다 싸게 사는 개념은 정말 도움이 많이 되었습니다. 저는 가치투자자이며 적립식 투자자로 맘 편하게 투자하기로 했습니다."

"맞아요. 위기를 기회로 삼고 적정 주가보다 싸게 사면 시간이 지나고 주가가 오른 후에 급격한 변동을 보이더라도 마음은 고요할 거예요. 물 위에서는 파도가 아무리 요동치더라도 물 밑은 항상 고요하죠. 창밖에서 아무리 비바람이 몰아치고 나무가 흔들려도 안전한 실내에서 보면 아름다운 풍경일 뿐이죠. 가끔은 출렁이는 주가와 미디어에서 나오는 악재, 호재 뉴스 등에서 멀리 떨어진 채 주식시장을 바라보면 오히려 평화로울 때가 있어요. 적정 주가 밑에서 싸게 사놔서 그렇죠.

똑똑한 투자자보다는 현명한 투자자가 돼야 해죠. 똑똑한 투자자는 시장에 휩쓸려 다니다가 상처를 입지만, 현명한 투자자는 대비를 통해 굳이 상처를 입지 않으려고 노력하죠. 다시 말하지만, 타이밍보다는 적절한 가격을 아는 것이 중요하고, 가치투자자들은 그 가격 밑에서 수익이 보장되는 경우에만 주식을 사죠. 이것을 '안전 마진margin of safety'이라고 부른답니다. 물론 성장 투자자들도 적절한 가격보다는 싸게 사려고 노력하고, 적립식 DCA로 투자하는 사람들도 시장이 안 좋을 때가 적립식으로 모아가기에 좋다고 생각해요. 주식시장이 지나치게 과열되면 오히려 적립식은 쉬는 게 좋지요. 시장이 하락하기 시작하는 무렵에는 적립식이 손해를 보는 단점이 있으니까요."

"그렇군요. 교수님, 저도 적정 주가보다 위에 있을 때는 비중이 너무 떨어져 조절해야 하는 경우 외에는 주식 매수를 자제하겠습니다!"

"맞아요. 전략적 자산 배분에서의 비중 조절은 정말 중요해요. 전략적 자산 배분은 나중에 12월쯤, 연말에 다시 얘기하겠지만 열매를 가끔 너무 많이 딴 후에 주가가 급락하면 비중이 확 줄어버리는데, 그런 경우에는 모멘텀이 아직 살아 있다고 판단되면 적정 주가 위에서도 채워 넣기도 하죠. 그래도 판 것보다는 싸게 사는 것이니까 주식 숫자는 늘어나 있겠죠."

교수님은 미소 지으셨다.

주가의 상대성: 주가는 허상이다

"모멘텀은 그 주식 주변의 분위기나 심리 상태라고 볼 수 있어요. 모멘텀은 1개월에서 길게는 1년 이상도 지속되죠. 호재 catalyst 들로 인해 모멘텀이 좋아 올라가거나, 악재들이 터져 모멘텀이 악화되어 주가가 떨어지는 경우가 있는데, 이럴 때 보면 주가가 얼마나 허상인지 알 수 있죠. 주가는 상대적인 거예요. 기업 실적, 통화량, 거시경제, 심리, 서로 다른 자산시장 간 돈의 흐름, 산업 흐름, 공매도와 헤지펀드들의 움직임, 전쟁과 지정학적 문제, 국제무역, 환율 등 정말 다양한 요소들에 의해 그 주식의 공급과 수요가 만나서 이루어지는 게 주가라 단 하루도 멈춰 있는 경우가 없죠. 물론 가끔은 박스권에서 몇 달에서 몇 년간 같은 폭에서 움직이는 경우도 있지만, 이 또한 예측이 힘들죠.

또한 가끔 1,000달러 간다, 2,000달러 간다고 하면서 본인들도 가보지 못한 먼 미래의 목표 주가를 얘기하며 모멘텀을 살리려는 사람들이 있을 거예요. 이는 수민 씨의 중단기 판단을 흐리

게 만들죠. 그게 전문가가 됐든 유튜버가 됐든, 당장 1년 앞도 보기가 힘든데 5년이나 10년 먼 미래에 그 기업이 어떻게 될지는 아무도 모르잖아요. 그때는 그 사람들도 떠나갈지도 모르고 사람들은 기억을 못 하게 되거나 적은 수만 기억하게 되고, 아무도 책임져 줄 사람은 없죠. 그때 가서 1등 기업이 새로 생긴 경쟁자로 인해 수익이 많이 줄어들 수도 있고요.

따라서 목표 주가는 희망 주가, 기대 주가라고 말할 수 있는데, 지나치게 높은 목표 주가는 통계상 아웃라이어outlier처럼 배제하고 판단하는 게 좋아요. 일시적으로 며칠간 주가를 견인해 끌어올리거나 내릴 수 있지만 결국 주가는 펀더멘털대로 돌아오게 되어 있죠. 목표 주가의 중간값이 오히려 신빙성이 높을 때가 많고 적정 주가에 더 가까울 때가 많죠."

'줍줍'은 과학, '열매 따기'는 예술: 열매는 따야 한다

"그러면 줍는 것은 싸게 주울 수 있는데, 수익 실현은 어떻게 해야 하죠? 아까 열매를 따신다고 했는데, 그게 수익 실현을 말씀하시는 건가요?"

"맞아요. 열매를 딴다는 것은 수익 실현을 하는 거죠. 시냇물이 풍부하게 흐르는 곳에 좋은 나무를 심고, 그 나무가 잘 자라 열매를 맺으면 열매가 썩기 전에 따야겠죠. 시냇물은 현금의 샘이라고 보면 되고, 좋은 나무는 성장성과 수익성이 좋은 기업을 말하죠. 이런 기업이 잘 자라 주당순이익이 올라가면 수민 씨에게 상승한 주가로 보답해줄 거예요. 배당을 주기도 하는데, 주가로 보상하는 게 훨씬 크죠.

주가는 변동성이 심해서 잘 올라가도 다시 적정 주가로 회기하며 돌아오죠. 그렇게 돌아오기 전에 잘 따야 해요. 물론 설익은 열매를 급하게 따기도 하지만, 잘 따기 위해서는 분할해서 조금씩 익은 것들을 따면 돼요. 보통은 적정 주가보다 10% 올라갔을 때부터나 목표 주가에 도달했을 때 조금씩 따면 되죠. 주의할 점으로 수민 씨처럼 주식 수가 아직 얼마 없을 때는 분할이 힘들기 때문에 신중하게 잘 따야겠죠."

"아, 알겠습니다, 교수님. 정말 중요한 개념이네요. 조금 더 얘기해주세요."

나눠 사고 나눠 팔아라: 켈리 공식과 분할 매수

"분할 매수, 분할 매도는 매매 기술의 하나인데, 원칙으로 삼고 지키려고 노력하는 게 좋아요. 보통은 켈리 공식Kelly Criterion 에 따라 다섯 번 이상 나누어서 사고파는 게 좋지요. 다섯 번에 나눠 사야 이길 확률이 2%로 가장 높아요. 열 번으로 나누면 1.5%, 세 번으로 나누면 1%의 확률, 두 번으로 나누면 -3.5%의 수익률을 기록하게 됩니다. 나중에 라스베이거스에 놀러 가면 써먹어도 되죠. 무턱대고 올인하면 큰일 납니다."

교수님은 미소를 한번 짓고는 말을 이어가셨다.

"처음 주식에 투자하는 사람들을 주린이, 즉 '주식 어린이'라고 부르는데, 이들은 이 분할 매매 기술을 잘 활용하지 못하는 경우가 많죠. 한 번에 확신해서 들어갔다가 한 번에 확신해서 팔고 하면서 대부분 돈을 잃게 되죠. 라스베이거스 같은 카지노가 항상 돈을 버는 이유이기도 하죠. 성격이 급하고 참을성이 없는 사람들은 처음에는 집중해서 잘하다가도 시간이 지나면 지쳐서 올인해버리는데, 이때 운이 좋으면 많이 따지만 대부분은 잃고 끝나죠. 일단 예측하고 확신하는 게 문제이고, 쉬었다 다음 날 다시 해도 되는데 참을성 없이 모든 투자 자산을 한 번에 베팅해버리는 거죠. 즉 주식시장을 주식판으로 만들어버리는 거죠. 결국 돌이킬 수 없는 선택을 하게 되는데, 다시 말하지만 주식은 은퇴할 때까지 마라톤처럼 10년 이상 아주 길게 봐야 합니다."

"아, 교수님. 조금씩 인내하며 투자하는 것이 중요하네요."

"맞아요. 주식을 사서 오래 가져가는 인내심도 중요하지만, 처음 사고팔 때도 생각을 많이 하고 인내심 있게 분할해 조금씩 사고파는 것도 중요해요. 열매를 딸 때도 가지치기까지는 괜찮지만, 나무 기둥이나 뿌리까지 뽑아버리면 힘들어질 수 있어요. 주가의 상방 위험성을 말하죠. 주가는 모멘텀이 좋으면 몇 개월 동안, 혹은 1년 이상 계속 상승하는 경우도 있어요. 물론 실적까지 받쳐주면 적정 주가도 올라가기 때문에 최근 2년간 10배나 오른 엔비디아처럼 다신 그 주식을 못 사게 될 경우도 생기죠. 비중 조절을 하란 얘기인데, 본인이 생각한 비중보다 지나치게 줄여서 따는 것은 피해야 해요. 제가 늘 하는 얘기인데, 황금알을 낳는 거위를 죽여버리면 안 되지요. 욕심이 지나치면 안 되고, 알만 잘 취하는 게 중요해요."

"감사해요, 교수님. 오늘 적정 주가와 매매 방식에 대해 정말 좋은 인사이트를 많이 배운 것 같아요."

"그래요, 이제 시작이니까 큰 그림을 잘 그리고 원칙대로 투자하는 게 중요하죠. 제가 그림 그리는 것을 잘 도와줘서 다행이에요. 그럼 이제 각자의 영역에서 파이팅합시다. 더운데 건강 관리도 잘하고요."

"네, 교수님, 감사합니다."

어느새 두 시간이라는 시간이 훌쩍 지나갔다. 우리는 먹은 것들을 깨끗이 치우고, 다음을 기약하며 헤어졌다. 너무 많은 정보를 한꺼번에 넣어서 그런지 머리는 좀 멍했지만, 테슬라 FSD 자율주행은 안전하게 집까지 나를 데려다주었다. 날은 여전히 더웠지만 차는 시원하게 나를 식혀줬다.

9월

위험 그리고 테슬라

9월이다. 가을이 문턱에 왔는지 아침에 일어나니 제법 쌀쌀해졌다. 새벽기도회에서 오늘 세 번째 나가는 노숙인을 위한 아가페 사역을 위해 기도하고 집에 와서 조금 쉬었다가 9시 반쯤 뉴저지 온누리교회로 향했다. 파란 하늘에 흰 조각구름이 조금 있는 맑고 좋은 날씨였다. 반 교수님이 이끄는 아가페 사역은 오늘 새 팀원이 두 명이나 늘었다. 어젯밤 10시까지 교회에서 열심히 만들어놓은 150개의 사탕, 스낵, 양말 등을 넣은 구디백goody bag(선물 주머니)을 차에 실었다. 반 교수님과 희경이, 수영이, 세련이, 병권이, 규성이, 주연이, 원열이와 함께 기도한 후 우리는 두 차에 나누어 타고 뉴어크Newark의 성 요한 무료 급식소St. John's Soup Kitchen로 향했다.

교회 앞에는 여느 때처럼 노숙인들이 줄을 서서 우리를 기다리고 있었다. 부엌으로 들어가 담당자 피터, 토니와 인사하고, 해야 할 일을 물어보니 오늘은 다른 두 교회에서도 나와 일손이 충분하다고 했다. 우리는 우리가 만든 구디백을 나눠줄 플라스틱

테이블을 나르고 세팅했다. 누군가 기부해준 음료수도 함께 옮겨 놓았다. 피터는 체계적으로 세 교회의 교인들을 잘 통제했다. 여성 멤버들은 여성 노숙인을 위해 마련한 장소로 가서 담소를 나누고 구디백을 나눠드렸다.

나는 음식을 받기 위해 길게 줄을 서서 기다리는 노숙인들에게 말을 걸기 시작했다. 지난번에 만난 린다와 앨버트도 있었다. 앨버트는 일관성과 안정성을 위해 기도한다고 한다. 린다는 어머니가 돌아가신 지 1년이 됐다고 한다. 다시 만난 존과 찰스도 있었고, 요리사를 준비하던 바비도 다시 만났다. 바비는 지난번에 요리사가 되겠다고 했는데 오늘은 직접 요리를 만들어 왔단다. 존은 아들 제이슨과 딸 앨리스를 위해 기도했다고 하니 기억해줘서 고맙다고 했다.

오늘은 히스패닉 노숙인들과 많이 얘기할 수 있었는데, 그중 푸에르토리코에서 온 레이몬과는 하나님이 만들어놓은 이 세상과 언어에 대해 심도 있게 오랜 대화를 나눌 수 있었다. 아들이 넷이고 딸이 둘인데 기도해주겠다고 했다.

오늘도 몇 명의 무슬림과 대화를 했다. 내가 하나님을 얘기하자 본인은 무슬림이라고 딱 자르긴 했지만, 축복해주고 하나님은 당신들을 사랑한다고 얘기했다. 이슬람에 대한 공부를 하긴 했어도, 딱히 뭐부터 얘기해야 할지 막막했다. 다음엔 더 준비해야 겠다고 다짐했다.

오늘도 조금이나마 사랑을 노숙인들과 나눌 수 있었다. 무사히 사역을 마치고는 포트리 명동칼국수에서 다 함께 즐거운 식사를 했다. 다들 피곤했는지 밥만 먹고 바쁘게 헤어졌다. 하지만 한 달 만에 만난 반 교수님과는 식당 옆에 있는 파리바게뜨에 가서 커피를 한 잔 더 하기로 했다.

"교수님, 한 달 동안 잘 지내셨죠?"

"그럼요, 잘 지냈죠. 어떻게 이번에도 주식을 더 샀나요?"

"네, 교수님. 지난달 1,100달러 정도 더 절약해서 지난번에 얘기해주셨던 종목들을 조금씩 더 샀어요. 그리고 이번 월급 받으면서 9월 초에 지수가 4% 정도 조정을 받길래 아직도 적정 주가 근처에 있는 주식들을 더 줍줍했어요. 9월 18일 금리 인하 전에 이번 8월 말 잭슨홀Jackson Hole 연례 미팅에서는 연방준비위원회 위원들이 노동시장이 빠르게 둔화되는 침체 걱정을 하는 것 같아요. 엔비디아는 102달러에 세 주 더 사고, 애플은 220달러에 한 주, 아마존은 171달러에 한 주, 구글도 152달러에 한 주씩 해서 총 845달러 정도만 넣어서 샀어요. 지난번보다 손해 폭도 -6%로 줄어들었고, 벌써 파이가 2,924달러로 많이 커졌어요. 저축도 하고 파이도 커지니 기분이 너무 좋아요, 교수님!"

"그렇죠. 돈을 안 잃고 파이가 커지는 것이 중요해요. 처음부터 비싸게 사서 돈을 잃고 시작하면 회복하는 데 오래 걸리고 시간적 손해도 보죠."

"교수님, 일단 주식과 채권이 6:4로 투자되어 있는 은퇴자금을 제외하고, 100% 중에 엔비디아 18%, 메타 17%, 애플 15%, 테슬라 14%, 마이크로소프트 14%, 아마존 12%, 구글 10%로 맞추어놨거든요. 그런데 저는 교수님 추천으로 테슬라를 사서 타고 다니는데 너무 좋거든요. 테슬라 비중을 더 높이고 싶은데 어떻게 생각하세요?"

"재미로 하는 얘기지만, 테슬람과 테스천의 차이에 대해서 알아야 해요. 2020년부터 유행했던 테슬람은 아무 비판 없이 주관적인 목표 주가만 보고 테슬라 주식을 막 사들이는 것을 말해요. 이를 지양하기 위해 제가 만든 말인 테스천은 테슬라를 객관적으로 평가하며 가치투자자답게 적정 주가 밑에서 안전 마진을 남기려고 노력하죠. 테슬람은 본인이 가진 테슬라 주식과 사랑에 빠져 확증 편향을 가지죠. 심지어 정치적으로 변하면서 테슬라 주식을 파는 사람들을 적으로 취급하고 대체로 올인하는 경향이 있어요. 따라서 주가가 과열되어 고점인데도 불구하고 언젠가 더 오르겠지 하는 마음으로 주식을 사 모으죠. 주식을 사서 오 랫동안 가지고 가며 안 파는, 즉 바이앤홀드buy and hold를 마치 전략인 것처럼 말하죠. 이를 당연한 것이라도 되는 것처럼 얘기하면서, 아무 때나 주식을 사서 오래만 들고 있으면 수익을 많이 낼 수 있는 것처럼 말하죠. 여덟 살인 저희 딸도 돈을 주면 아무 때나 주식을 사서 오래 들고 갈 겁니다.

미국의 투자 자문사인 IARInvestment Advisor Representative의 교과서 에도 나와 있듯, 일반적으로는 10년 이상 들고 가면 돈은 안 잃고 수익이 나긴 하지만 2021년부터 2024년 동안 테슬라 주가가 박스권에 갇혀 있는 동안 아무 때나 사는 바람에 400달러 때 고점에 물려서 수익을 전혀 내지 못하고 3년이라는 시간을 잃어버린 사람도 많답니다. 가치투자 전략이든, 성장투자 전략이든, 적립식 투자 전략이든, 그것이 어떤 투자 전략이든 간에 진실은 주식을 적정가를 알고 그보다 싸게 사서 오래 들고 가야 수익을 많이 낼 수 있는 거예요. 10년이면, 매년 10~15%의 수익률을 가정할 때 복리 효과로 3~4배를 내는 게 정상이죠. 나중에 본인이 전략도 없이 얼마나 확증 편향을 가지고 주식을 모았는가를 깨달을 때는 이미 복리 효과를 거둘 수 있는 많은 시간을 잃어버린 이후죠. 이뿐만 아니라, 주변 사람들에게도 테슬라를 사도록 강요해서 2022년처럼 70% 이상 주가가 떨어지면 조정을 받으면서 공포에 떨며 주식을 손절하고 함께 큰 손해를 보며 비난을 받고, 친구도 잃고 그렇게 외로워지죠."

"이에 비해 테스천이라면 객관적으로 테슬라를 봅니다. 경영학과에서 배우듯 테슬라의 장점과 약점, 기회와 위협 등 SWOTStrength, Weakness, Opportunity, Threat 분석을 통해 객관적으로 테슬라를 분석하려고 노력하죠. 수익에 기초한 펀더멘털을 기반으로 적정 주가를 계산하고 그보다 싸게 사서 안전 마진을 남기려고 하죠. 싸게 사놓았던 주식이 모멘텀이 좋아 주가가 많이 올라갈 때 수익을 많이 낼 수 있고, 적정 주가 이상으로 많이 오르면 열매도 잘 따서 다음 기회를 기약하죠. 워런 버핏, 피터 린치, 레이 달리오, 스탠리 드러켄밀러 등 전설의 대가들도 모두 수익 실현을 하며 열매를 따고 비중을 조절하는데, 테슬람들은 열매를 딸 줄 몰라 수익 실현에 실패하는 경우가 많죠. 테스천이라면 주변 사람들에게도 객관적인 적정 주가를 제시하면서 추천하기 때문에 주변인들이 최소한 돈은 잃지 않아요. 그래서 관계에 큰 문제가 안 생기죠.

물론 테슬람과 테스천 모두 테슬라가 좋은 주식이라는 데는 동의합니다. 하지만 테슬람은 희망 주가라고 볼 수 있는 전문가들이 내놓은 미래의 목표 주가만을 보기 때문에 주식이 언제나 싸 보이고, 테스천은 펀더멘털인 기업의 수익에 기초한 적정 주가를 보고 그보다 싸게 사려고 노력하죠. 수민 씨도 지금 테슬라 비중을 더 늘리려는 이유를 다시 한번 생각해봐야 해요. 특히 기준점이 어딘지를."

현대 포트폴리오 이론과 위험 관리

잠시 창문 쪽으로 시선을 돌려 생각을 하다 나는 교수님께 다시 물었다.

"교수님, 저도 테스천이고 싶어요. 하지만 제가 비중을 지금의 21%에서 더 늘리고 싶은 이유는 지금 테슬라 210달러가 제가 계산한 적정 가격 200~216달러 사이에 있어서 아직은 더 늘릴 수 있는 기회가 아닐까 해서예요. 그래도 50% 정도까지는 늘려도 되지 않을까요?"

"네, 지금 테슬라가 적정 주가보다 싸서 괜찮기도 하죠. 수민 씨는 이미 은퇴자금 10만 달러를 매달 적립식으로 넣으면서, 주식과 채권 비율을 6:4로 가지고 있고 주식도 S&P500 추종 펀드에 6만 달러 이상이 들어가 있어요. 그러니 지금 3,000달러 계좌의 50%를 테슬라로 채워도 지금 모아둔 401K 퇴직연금 10만 달러 포함 전체 투자 자산 대비 1.5%이니까 괜찮은 것 같아요. 물론 1.5%가 10% 이상으로 바뀌면 적신호라고 생각하고, 비중 조절에 특히 신경을 써야겠죠. 일단은 지금 초기 단계이니까 비중을 늘려도 상관없을 것 같네요."

"네, 알겠습니다, 교수님."

"하지만 이것 또한 명심해야 해요. 주식시장에는 항상 위험 risk이 존재해요. 전체 주식시장과 개별 주식 모두에 위험이 존재해요. 그리고 개별 주식 위험도는 베타β값으로 나타나죠. 전체 미국 주식시장은 1900년대 이래로 2년에 한 번씩 조정이 왔고, 6년에 한 번씩은 큰 침체를 겪었죠. 10% 이상 지수가 떨어지는 것을 '조정'이라고 하고, 20% 이상 하락하는 것을 '침체 시장bear market'이라고 불러요. 또한 테슬라는 S&P500 지수의 위험도 1보다 2배 이상 높은 2.25를 기록하고 있어요. 따라서 언젠가 시장이 조정을 겪게 되어 10%가 떨어지면, 테슬라는 22.5%씩 하락하고, 그만큼 위험도도 높고 변동성도 심하죠. 따라서 수민 씨의 포트폴리오에서 테슬라나 베타값이 높은 성장주들의 비중이 높으면 위험에 노출될 확률이 더 커지게 되죠.

이 위험도가 올라가면 수익률이 더 높아지지만, 그만큼 돈을 잃을 확률도 올라가게 됩니다. 따라서 위험도를 조절하며 다가올 위험에 대비하는 습관을 들여야 해요. '현대 포트폴리오 이론'이라는 것이 있는데, 이 이론에서는 위험에 대비한 포트폴리오 구성을 항상 강조하죠. 불확실한 미래를 예측하지 않습니다. 다시 한번 강조하지만 주식시장에는 항상 위험이 존재해요. 그러니 이 위험에 대비하며 투자하는 습관이 굉장히 중요합니다.

가장 최근의 예로 2022년처럼 주식시장이 2021년 고점 대비 24%씩 떨어진 경우에 테슬라는 75% 정도 하락했어요. 이런 경우에 변동성 높은 테슬라 주식만 들고 있으면 큰 손해가 나겠죠. 본인 투자 자산이 75%나 떨어졌는데 멘탈이 안 흔들리고 손절을 안 할 사람은 많이 없겠죠. 이럴 때 분산투자를 통해 변동성이 1보다 작은 가치 방어주들이 있다면 조금 덜 떨어진 주식을 팔아 이렇게 많이 떨어진 주식을 사는 변칙 불타기도 가능하죠. 펀더멘털은 안 흔들리는데 적정 주가보다 많이 할인하는 경우이기 때문에 좋은 주식을 싸게 살 수 있는 기회가 되죠.

정말 위기 상황에서 하는 '돌려막기'라고도 하는데, 자산 분배와 분산투자의 장점이 그런 위기 상황에서 발휘됩니다. 소위 한 주식만을 들고 가는 '몰빵 투자가'들은 이런 경우에 잘 버틴다 해도 기회는 못 잡죠. 지난번에 얘기했는데, 제가 아는 미국의 한 경영학과 교수도 테슬라가 100달러 가까이 떨어졌을 때, 테슬라에 올인한 상태이고 주식 담보로 대출까지 받는 마진을 썼는데 손절을 해야 하냐고 울면서 전화한 적이 있었죠. 교수든, 노벨상을 받은 경제학자든 항상 겸손하게 욕심부리지 않고 위험에 대비하는 습관을 가지는 것이 중요해요."

"아! 알겠습니다, 교수님! 테슬라는 전체 투자에서 10% 정도 선에서만 사는 것으로 하겠습니다. 정말 감사한 말씀입니다. 오늘 배운 대로 꼭 실천하겠습니다! 실천이 정말 어렵긴 하지만요."

"맞아요. 일요일에 교회 가서 말씀대로 살겠다고 하다가도 월요일이면 나도 모르게 다 어기고 있죠. 배운 것을 실천하고 습관화해서 그것이 좋은 습관이 되면 성공하는 게 바로 인생인데 말이죠."

교수님은 미소 지으셨다.

"자, 오늘 사역도 힘들었고, 충분히 쉬었으니 이제 또 각자의 삶으로 돌아가 파이팅합시다!"

"네, 교수님."

맨해튼으로 향하는 조지워싱턴 다리가 보이는 포트리에서 교수님은 강을 따라 북쪽으로, 나는 남쪽으로 갔다. 오늘은 사랑도 나누고, 나름 지식도 성장해서인지 무척이나 행복한 날이다.

테슬라 2024년 10K 보고서 요약

테슬라의 목적은 지속 가능한 에너지로의 변환을 가속화시키는 것이다. 전기차, 태양 에너지, 에너지 저장장치를 디자인·개발·제조하며, 이를 판매 및 리스lease한다. 물론 유지와 수리, 설치, 운영, 금융 서비스도 제공한다. 또한 인공지능 및 로봇산업과 자동화에 기초한 상품과 서비스에 점차 초점을 두고 있다.

2024년 테슬라는 177.3만 대의 차를 생산하고 178.9만 대의 차를 팔아 인도했다. 현재 테슬라는 더 새롭고 저렴한 자동차를 소개하기 위해 기존 공장과 생산 라인을 바꾸고 있고, 자율주행 FSD(supervised, 감독형) 능력을 향상시키고 배치하며, 로보택시 상품인 사이버캡Cybercab을 통해 완전 자율주행 능력을 달성하려고 한다. 테슬라는 지속적으로 비용을 절감하며 자동차와 배터리 기술을 향상시키고, 자동차 생산을 늘리고 배달 능력을 키우고, 지역 공급망뿐 아니라 서비스 충천 인프라를 포함한 전 세계 인프라를 확대하고자 노력하고 있다.

2024년에 31.4기가와트아워GWh의 에너지 제품을 판매했으며 에너지 상품의 시장 침투를 증가시키기 위해 노력하고 있다.

2024년 현재 976.9억 달러의 총매출을 기록했고, 이는 2023년에 비해 9.17억 달러나 증가한 수치다. 순수익은 70.9억 달러로, 2023년 79.1억 달러보다는 줄었다. 테슬라는 2024년 12월 31일 현재 365.6억 달러의 현금을 보유하고 있고, 운영 현금흐름은 149.2억 달러이다. 자본지출은 113.4억 달러로 2023년 89억 달러보다 24.4억 달러 증가했고, 계속해서 자본 집약적 프로젝트와 R&D 비용을 늘려가고 있다.

현재 자동차는 캘리포니아에서 모델 S, 모델 X, 모델 3, 모델 Y를, 텍사스에서 모델 Y, 사이버트럭, 사이버캡을, 네바다에서 테슬라 세미트럭을 생산하고 있으며, 중국 상하이 공장에서 모델 3, 모델 Y를, 독일 베를린 공장에서 모델 Y를 생산하고 있다. 테슬라는 계속해서 사이버트럭, 테슬라 세미트럭, 다음 세대 미래형 차량에 대한 생산능력capacity을 늘리기 위해 노력하고 있다. 또한 자체 개발한 4680배터리 생산도 늘리려고 노력하고 있다. 하지만 이런 자동차 생산은 모델 3 하이랜드와 모델 Y 주니 퍼 같은 새로운 차가 나와 공장을 닫고 설비를 업데이트했을 때, 2024년 홍해 분쟁으로 인한 부속품 배달 지연 사고나, 베를린 공장에 대한 화재 공격과 같은 사태가 벌어졌을 때 생산 지연이 일어났던 것처럼 생산량을 늘리는 데는 여전히 위험과 불확실성이 존재한다.

테슬라는 지속적으로 생산비용을 절감하기 위해 노력하고 있다. 기가 캐 스팅 방식의 도입으로 부속과 인력을 줄여나간 것도 그 예이다. 기가 팩 토리 설립으로 규모의 경제를 달성하고 있으며, 현재 자동차 1대당 생산 비용을 3.5만 달러 이하로 줄인 상태다.

생산과 더불어 테슬라는 자동차 판매를 늘리기 위해 오토파일럿Autopilot 과 FSD(supervised)와 같은 자율주행 인공지능 소프트웨어와 다른 소프 트웨어 기능 등을 혁신, 발전시키면서 다른 회사들과 차별화하고 있다. 또한 모델 3와 모델 Y의 신모델도 내놓고 있는 상황이다.

하지만 테슬라는 소비자의 트렌드 변화에 민감한 경기순환 산업이다. 트 럼프 행정부가 들어서면서 더욱 민감해지고 있는 관세 문제 같은 무역 환경을 포함해 정치적·규제적 불확실성에도 민감하다. 인플레이션 압 력과 상승하는 에너지 가격, 이자율 변동성에도 민감하다. 최근 들어 상 승한 금리 상황은 소비자들이 차를 리스하거나 은행 융자를 통해 구매 할 수 있는 환경을 악화시켰다. 또한 중국의 전기차처럼 경쟁자들이 시 장에 계속 진입하고 있기 때문에 지속적으로 경쟁 우위를 유지해야 하 는 압력도 받고 있다. 또한 최근 관세 인상으로 인한 부속품, 광물자원, 배터리 등의 공급망에 문제가 생기면서 가격에도 악영향을 끼치고 있다. 또한 정부 정책의 변화, 정부 보조금 폐지 등도 비용 구조와 경쟁 구도에 영향을 미치고 있다. 테슬라는 이러한 다양한 문제를 생산 혁신과 비용 절감, 물류비용 절감 등을 통해 극복하려고 노력하고 있다.

10월
장기투자는 힘들고 괴로운 거다?
포모와 퍼드

모처럼 흐린 날이다. 지난 며칠 동안은 햇볕도 강하고 무더위로 힘들더니 오늘은 그래도 바람이 분다. 10월인데도 여름 날씨다. 그래도 군데군데 조금씩 나뭇잎 색깔이 울긋불긋 변해가는 걸 보니 가을 느낌이 난다. 계절의 변화는 늘 새로운 설렘으로 다가와 기분을 좋게 만든다.

뉴저지로 이사를 온 지도 벌써 3개월이 지나간다. 분주하게 지내다 보니 시간 가는 줄 몰랐다. 기억력도 감퇴하는 거겠지. 나의 서른셋도 이제 3개월밖에 남지 않았다. 사회학자들은 결혼을 하면 더 행복해진다고 하고, 예쁜 딸도 낳고 싶은데 생각이 많다. 나는 평소처럼 쿠피커피컴퍼니에서 커피를 사서 허드슨 강변을 따라 홀푸드를 돌아 페리 선착장까지 북쪽으로 걸어갔다 왔다 하면서 많은 생각을 했다. 가끔 페리가 지나가면 흰 파도가 일어 강변 바위틈 사이로 부딪치는 소리가 난다. 좋다. 갈매기와 비둘기, 기러기들이 어우러져 주차장 아스팔트 위에 모여 있는 모습도 보기 좋다. 가끔 눈을 들어 조지워싱턴 다리 너머로 펼쳐진 하늘을 보며 신께서 함께하심을 느끼기도 하며 고독을 즐긴다. 가끔은 강 건너 맨해튼 풍경을 보며 미야자키 하야오 감독이 그린 '천공의 성 라퓨타'와 비슷하다는 생각에 홀로 감탄한다.

물론 산책은 어지러운 생각을 정리하기에 가장 좋은 시간이다. 산책은 우뇌와 좌뇌 사이에 뇌파 전달을 활성화시켜 생각이 잘되게 도와준다고 한다. 물론 하루에 두 번씩 나누어서 한 시간 정도 3마일(5km)을 걷다 보니 체중 관리도 되고, 몸도 굉장히 가벼워졌다. 6,000보 정도 걷는데 골프 코스 18홀을 걷는 것과 비슷한 거리다. 은퇴할 때까지 장기투자를 하고 그 이후에 여행이든 봉사든 원하는 삶을 누리려면 건강을 잘 유지해야 한다는 반 교수님의 말이 문득 떠올랐다. 인생은 마라톤이니까 인생도 투자도 속도 조절을 잘하는 게 중요하다고 하셨다. 나도 동의한다. 돈이든 명예든 건강을 잃으면 다 소용없으니까. 무리해서 살다 돈과 명예를 크게 얻고도 일찍 죽는 사람들을 보면 허무해 보이고 불쌍하다는 생각도 든다.

요즘은 먹는 것도 건강하게 먹으려고 노력 중이다. 반 교수님이 가르쳐준 해독주스를 만들어 먹는 중이다. 건강에 좋은 것을 챙겨 먹는 것은 귀찮기는 하지만 좋은 습관이 아닌가 한다. 매일 귀찮지만 칫솔질을 하듯 성공하는 사람은 보통 사람과 다른 좋은 습관을 가지고 있다. 해독주스로 배변 활동도 좋아졌고 얼굴도 하애졌다. 2주에 한 번씩 집 앞 홀푸드마켓에 가서 유기농 브로콜리·토마토·양배추·당근을 사 와 데치고, 사과·블루베리·바나나·케일을 홍초와 함께 넣고 갈아서 매일 아침 시리얼과 커피를 먹을 때 한 컵 정도 같이 먹고 출근한다. 점심은 홀푸드에서 30달러에 여섯 개 든 야생 연어 얼린 것을 사 와 매일 아침 구워서 샐러드와 함께 도시락으로 싸 와서 먹는다. 연어는 중불에 소금·후추로만 간을 하고 6분 정도 굽다가 한 번만 뒤집으면 되어 정말 간편하다. 저녁은 집에 돌아와서 소금·후추 간으로 구운 닭가슴살을 현미·현미찹쌀이 섞인 반반미, 김치와 함께 먹는다. 질릴 것 같지만, 김치랑 먹으면 그럴 일이 없다. 안동식으로 간장마늘로 양념도 해보고 고추장으로 맵게도 만들어봤지만, 소금과 후추로 간을 하고 김치랑 먹는 게 제일 안 질리는 것 같다. 밥을 먹고 1,000mg 비타민C는 항산화를 위해 항상 챙겨 먹고, 종합 비타민, 눈에 좋은 약, 콜라겐, 유산균도 챙겨 먹는다. 약은 집 앞 쇼핑몰에 있는 GNC 매장에서 편리하게 사 먹을 수 있다.

10월 현재 내 자산은 지난 3개월간 조금 더 증가했다. 돈을 안 잃고 파이가 커져서 기분이 좋다. 은퇴자금은 6% 정도 증가했고, 지난 한 달 동안 1% 이상 상승하여 12만 달러 가까이 모였다. 물론 2,000달러 정도 월급의 일부도 회사에서 매칭해주어 계속 적립식으로 들어가고 있다. 따로 투자하는 주식도 한 달 동안 10% 가까이 올랐고, 적립한 것보다 7% 정도 수익을 더 보고 있다. 1,000달러를 추가로 입금하여 벌써 4,300달러 정도 모였다. 이번에는 주가가 많이 올라 모두 적정 주가 위로 상승해 적정 주가 근처에 있는 엔비디아를 125달러에 한 주, 아마존은 186달러에 한 주, 구글은 168달러에 두 주 추가 구입했고, 현금 353달러는 그냥 내버려뒀다. 더 사고 싶던 테슬라는 250달러까지 올라 사지 못했다. 아직 열 개 종목 중에 일곱 개 종목만 공부했고, 세 개를 더 공부해야 하는데 시간이 좀처럼 나지 않았다. 이제는 엔비디아 17%, 구글 16%, 메타 14%, 아마존 13%, 테슬라 12%, 애플 11%, 마이크로소프트 10%가 되었다.

반 교수님이 내일이면 한국으로 출국하신다고 해서 오늘 급하게 만나 뵙기로 했다. 오늘은 교수님 댁 근처 테너플라이 다운타운에 있는 이탈리아 카페에서 만나기로 했다. 시대가 변하면서 기차가 끊겨 더 이상 사용하지 않는 철길 옆. 예스럽게 빛바랜 갈색 역사 안에 맛있는 이탈리아 에스프레소와 빵을 파는 카페가 있다. 교수님과 나는 거의 동시에 주차장에 도착하여 안으로 같이 들어섰다. 카푸치노 두 잔과 모카 케이크를 주문하고 철길 옆

창가에 앉았다.

"안녕하셨어요, 교수님! 여행 준비는 다 되셨고요?"

"네, 이번 주까지 수업 마무리 잘하고, 뉴욕 JFK공항에서 대한항공을 타고 내일 낮에 1시 비행기로 떠나요. 한국에서 제 유튜브 미투리 마을 주민들과 모임도 갖고, 방송 출연도 하고, 가족과 여행도 가고 맛있는 것도 많이 먹고 올 생각이에요. 오랜만의 한국 방문이라 정말 설레고 기대되네요."

"교수님, 너무 부러워요! 저도 한국에 따라가고 싶지만 로펌은 너무너무 바쁘네요."

하얀 거품이 얹힌 카푸치노와 갈색의 모카 케이크가 나오자, 나는 한 달 동안 궁금했던 여러 질문을 폭풍처럼 하기 시작했다. 로스쿨 이래로 이렇게 재밌게 공부한 적은 없었다.

"그나저나 교수님, 요즘 워런 버핏이 애플 주식을 자꾸 팔고 있어요. 어떡하죠? 저도 대가들처럼 주식을 팔아야 할까요?"

"아, 수민 씨, 걱정되는군요. 투자의 대가가 파니 나도 팔고 싶은 마음은 어쩔 수 없죠. 퍼드FUD가 오는 것 같네요."

"퍼드요?"

"네, 'Fear, Uncertainty, Depression'의 약자로 요즘 '레딧Reddit'이라는 게시판에 유행하는 말이에요. 공포와 불확실성, 우울함이 몰려오는 건데 보통은 주식시장이 조정을 겪을 때 나오는 말이죠. 본인이 가진 주식을 주식의 대가나 전문가가 팔면 나도 따라서 팔고 싶어지죠."

"맞아요, 교수님. 그동안 애플이 많이 올라서 더 올라갈 수 있을지 의문이에요. 저의 적정 주가보다도 10% 이상 올라 있고요."

"올해 수익률 목표가 10%면 아직은 팔 때는 아니겠죠. 그 이상 수익이 나면 조금 분할해서 팔아도 되고요. 워런 버핏은 애플의 주가가 너무 올라 비중이 커져서 리밸런싱rebalancing을 했을 거예요. 워런 버핏의 회사인 버크셔해서웨이의 30%가 넘는 애플 비중이 부담되었을 테고요. 지금 1억 주 정도를 판 것 같은데 그래도 여전히 700억 주 정도 남아 있을 거예요. 비중이 30%에서 26% 정도로 줄어든 거죠. 따라서 수민 씨가 걱정할 일은 아니에요.

가치투자자들은 적정 주가 위로 올라와서 안전 마진이 사라지고 수익이 많이 나면 비중을 줄여 리밸런싱을 하죠. 보통 분기말에 이런 일들이 많이 일어난답니다. 미국에서 1억 달러 이상 투자하는 기관들은 SEC(미국 증권거래위원회)에 분기별로 보고를 해야 하는데, 이를 '13F 공지'라고 부르죠. 따라서 우리는 분기별로 기관들이 리밸런싱을 통해 종목별 비중을 시기에 맞게 조절하는 것을 볼 수 있을 거예요. 또한 세금을 내기 위해 주식을 팔기도 하죠. 따라서 앞으로 주가가 떨어질 거라든가, 버핏이 팔았으니 주식시장에 위험이 닥칠 거라는 식의 추측은 할 필요가 없어요. 다들 나름의 사정이 있는 거잖아요. 이로 인해 주가가 적정주가보다 떨어지면 오히려 기회라고 봐야죠.

물론 외부 투자자들이 파는 것은 내부자들_{insider}이 주식을 파는 것과는 별개의 문제죠. 내부자들은 우리가 알지 못하는 회사의 민감한 비밀을 알고 있기 때문에, 내부 이사나 경영진이 주식을 파는 경우에는 회사에 무슨 안 좋은 일이 있나 하고 생각하는 게 당연해요. 물론 계획적으로 세금을 낼 목적으로 파는 경우도 있긴 하지만요."

"아, 그렇군요. 제가 괜한 걱정을 했네요. 그러면 다음 달 11월 5일에 있을 대선과 의회 선거에 대한 걱정은 어떤가요? 역시나 불확실성으로 인해 퍼드가 올 것 같아요."

"맞아요. 아직 한 달이 남은 상황에서 시장은 대선에서 누가 이길지가 확실치 않기 때문에 퍼드가 올 수 있죠. 트럼프가 이끄는 공화당이 되면 규제 완화와 법인세 인하가 있을 거고요. 하지만 관세는 높아지고 이민정책으로 노동 서비스 비용이 올라가면서 인플레이션이 걱정되죠. 해리스 부통령이 이끄는 민주당이 되면 지금의 상태를 유지하려고 할 테고요. 따라서 이번 달에는 이러한 퍼드로 인해 결과가 나올 때까지 거래량은 적어지고 변동성은 커질 가능성이 높아요. 하지만 막상 퍼드는 대선에서 누가 되든 불확실성이 걷히면 사라질 가능성이 높아요. 증시는 회복하거나 더 올라갈 수도 있고요. 물론 일시적인 현상이고 기업들의 펀더멘털과 적정 주가가 변하는 건 아니죠."

"그러면 교수님, 전쟁으로 인한 퍼드도 있겠네요. 지금 이스라엘과 팔레스타인, 레바논, 이란 간의 지정학적 위기로 원유 가격도 올라갔잖아요."

"맞아요, 전쟁도 퍼드를 일으키는 원인이에요. 2022년 2월 우크라이나 전쟁이나, 2023년 10월 이후의 이스라엘과 그 주변국 간의 분쟁들이 이런 퍼드를 일으켰죠. 하지만 이 또한 미국 주식시장에는 일시적이에요. 역사적으로 진주만 공습이나 9·11 테러처럼 본토가 직접 공격을 받지 않는 이상 전쟁은 미국 주식시장에 일시적으로만 영향을 미쳤죠. 원유 가격이나 금값을 상승시키기도 하지만, 이 또한 일시적이에요. 전쟁은 일어나선 안 되지만, 이런 일로 미국 주식시장이 떨어지면 오히려 매수 기회라고 보는 게 맞아요."

"아, 좋은 인사이트 감사합니다, 교수님. 그러면 포모FOMO는 이와 반대되는 이야기겠네요?"

"맞아요. 'Fear of Missing Out'이라고, '이렇게 좋은 주식을 나만 안 사서 수익을 못 내고 있어'라는 마음인데, 이럴 때 충동구매로 따라 사면 고점에서 물릴 가능성이 높죠. 메타인지 능력을 키워 멀리서 본인을 바라봤을 때 본인이 포모를 겪고 있는지, 아니면 퍼드를 겪고 있는지 잘 파악하는 게 중요해요.

포모는 보통 미디어나 유튜브에서 이런 말들을 하면 찾아오는 경우가 많아요. 즉 이런 말들은 조심해서 들어야 해요. '지금이 살 때다.' '기차 떠나고 후회하지 마라.' '지금이 제일 싸다.' '사팔사팔 하지 마라.' '팔아서 세금 내지 마라. 세금 내는 것 아니다.' '좋은 주식이다.' '주식은 멀리서 보면 희극, 가까이서 보면 비극이다.' '이 주식 장기적으로 몇천 달러 간다.' 대부분 이런 말들은 지나치게 낙관적으로 주식을 보게 하고 이유 없이 믿게 만들죠. 희한하게 사기꾼들이 쓰는 말들과 비슷하죠. '정당화할 수 없이 긍정적'이라고 볼 수 있죠. 이런 사람들은 주가가 떨어지면 깜짝깜짝 놀라고, 이해할 수 없다는 반응들을 보이죠. 물론 하락의 원인이 되는 뭔가나 누군가를 비난하기 시작하고요. 주식의 거품이 빠지는 시기에도 이런 근거 없는 믿음과 고집으로 손실 방어를 하지 못하고, 50% 이상 심지어 90%까지 손실이 나도 계속

들고 가면서 '강제 존버'를 하게 되죠. 그리고 몇 년의 시간을 손해 보게 되는데, 원래 샀던 가격을 회복하면 그나마 다행이고, 그 가격을 영원히 못 보는 경우도 있죠."

"'사팔사팔 하지 마라'는 말은 수익 실현을 막는 효과가 있겠네요?"

"맞아요. '팔사팔사'가 맞죠. 비쌀 때 본인 주식을 비싸게 사주는 사람이 있으면 잘 팔아 수익 실현을 잘하고 다시 적정가 밑에서 사서 주식 숫자를 잘 늘려놓으면 시간이 지나 다시 오를 때 큰 파이를 형성하게 되죠."

"교수님, 포모는 고점에서 오고 퍼드는 보통 저점에서 오는 것 같네요. 이외에도 고점과 저점을 나타내는 신호들이 있을까요?"

"이런 고점과 저점은 모멘텀 시장의 분위기를 보는 거예요. 모멘텀이 좋으면 증시는 과열되며 고점까지 올라가고, 모멘텀이 안 좋으면 증시는 안 좋아지며 과매도되죠. 어떤 주식 거래 프로그램HTS, MTS을 사용하든 기본적으로 볼 수 있는 데이터들이 있어요. 일단 RSI는 지난번에 얘기했다시피, 70 이상이면 고점, 30 밑이면 저점이라고 볼 수 있어요. 우리는 장기투자자니까 일봉이나 주봉으로 14일 이상 장기로 보는 게 좋아요.

또 CNN의 '공포탐욕 지수'도 있죠. 정확하지는 않지만, 탐욕으로 가면 고점이고 공포로 가면 저점일 가능성이 높아요. '팔자sell'에 배팅하는 풋put 옵션이 많아지거나, 변동성을 나타내는 VIX가 20 이상 올라가거나, 주식시장 폭이 좁아져 대부분의 주식이 하락하거나, 불량채권의 거래가 현저히 줄어들고 주식보다는 채권 같은 안전자산에 사람들이 몰리면 공포가 많이 올라간 상태가 되죠. 이럴 때는 보통 좋은 매수 기회로 생각하고 사는 게 좋죠. 물론 산업 섹터별로 분리해서 보는 게 좋아요. 어떤 산업군은 공포로 떨어지지만, 어떤 산업군은 탐욕 구간일 때도 있어요. 이렇게 공포의 때를 좋은 매수 기회로 생각하는 이유는 모든 시장 참여자들이 이런 지표들을 참고하기 때문에 너무 많이 팔았다고 생각하면 함께 매수를 시작하는 경향이 있어서 그래요.

주가의 이동평균선을 나타내는 '이평선'도 있죠. 일봉으로 5일, 15일, 50일, 100일, 200일간의 이동평균선을 잘 보고 판단하기도 해요. 일종의 심리선이라고도 볼 수 있죠. 트레이더들처럼 차트로 기술적 분석을 하는 사람은 이 심리 이동평균선을 보고 그날그날 거래자들의 심리를 파악하죠. 주가가 지나치게 빠지는 흐름에서는 15일 이동평균선이 깨지면서 50일까지 밀리기도

하고, 조정장이나 침체장에서는 그 밑에 100일, 200일 이동평균선 그 이하까지 빠지기도 하거든요. 시장의 참여자들이 이 이평선을 모두 보기 때문에 마치 합의라도 한 듯 이평선에 닿을 때는 함께 사거나 팔거나 하죠. 주가가 5일 이동평균선 위에 계속 떠서 올라가면서 5일, 15일, 50일, 100일, 200일 순으로 예쁘게 이평선이 그려지면 고점에 가까이 왔다고 보고, 이 순서가 뒤집어져 보이면 저점에 왔다고 볼 수 있죠. 이럴 때 분할해서 열매를 따거나 사면 좋은 가격에 팔고 살 수가 있어요.

또한 볼린저밴드의 세 선의 움직임을 보기도 하는데, 주가의 평균을 따라 이동하는 선이 있고 중간선 위아래에 일정 표준편차 위로 움직이는 선과 아래로 움직이는 선이 있죠. 주가가 볼린저밴드 상단 위로 가면 고점일 가능성이 높고, 하단까지 떨어지면 바닥일 가능성이 높아요.

복잡하죠. 이러한 다양한 지표들이 항상 맞는 것은 아니라서 하나에만 의존하지 말고 종합적으로 봐야 하는데, 월가 트레이더들과 대부분의 시장 참여자들은 기본적으로 보는 것이어서 참고할 만한 가치는 있어요."

"와, 교수님. 거시경제, 정치만 볼 것이 아니라, 시장 나름의 흐름도 함께 읽어야겠네요. 물론 심리적인 것들도 잘 읽어나가야 하고요. 정말 어렵습니다."

"아뇨, 그렇게 어렵지 않아요. 이러한 지표들을 보고 앞을 예상하는 것보다는 늘 본인의 주식이 적정 주가보다 비싼지 싼지만 판단하면 아주 쉽게 접근할 수 있죠. 이러한 지표들은 얼마나 비싸게 오르는지, 얼마나 싸게 내려가는지 그 폭을 보여주기는 하지만, 욕심을 버리고 적절하게 열매를 나눠 따고 적절하게 나눠 줍줍하면 적절하게 수익을 내면서 돈을 잃을 일은 없지요. '좋은 주식을 적정 가격보다 싸게 나누어서 산다.' '그리고 적정 가격보다 비싸게 나누어서 판다.' 이것만 기억하면 주식시장은 의외로 간단해지죠."

"아, 정말 감사합니다. 주식시장을 보는 통찰력이 점점 커지는 것 같아요."

"그래요. 투자 잘하고요, 저는 내일 한국으로 가야 해서 이만 가봐야 할 것 같아요. 저를 보러 이곳 테너플라이까지 와줘서 고마워요."

"아니에요. 테슬라 FSD가 편하게 데려다준걸요."

"하하하. 정말 편하죠. 그럼 테슬라가 또 집까지 잘 데려다주길 바랄게요. 한국 갔다 와서 또 봐요."

"네, 교수님. 여행 잘하시고 맛있는 것 많이 드시고 오세요."

우리는 그렇게 인사를 나누고 헤어졌다. 날씨는 여전히 흐렸지만, 마음에 낀 먹구름만큼은 반 교수님의 조언 덕분에 많이 걷혔다. 오늘도 기쁜 날이다.

11월

버블은 언제든 만들어질 수 있다

화창하고 높고 푸른 하늘이 유독 좋은 가을날이다. 약한 햇살도 기분 좋게 느껴질 정도로 아침저녁으로 날씨가 쌀쌀해졌다. 맨해튼을 배경으로 강 건너 강변을 따라 빨갛게 노랗게 물들어가는 단풍을 만끽하며 오늘도 산책을 즐겼다. 오늘도 많은 생각이 꼬리에 꼬리를 물고 머릿속을 스쳐간다.

반 교수님이 한국에 가 계셨던 10월 한 달 동안 미국 주식시장은 변동성 높게 움직였다. S&P500은 10월 중순 5,864까지 올라가며 신기록을 계속 갱신했지만 10월 말 핼러윈Halloween까지 다시 5,700선으로 흘러내렸다. 반 교수님 말씀대로 주식시장은 대선의 불확실성으로 퍼드를 겪으며 떨어졌다.

11월 4일, 나는 월 계획대로 1,000달러를 계좌에 더 넣었고, 적정 주가와 비슷하게 떨어진 테슬라를 242달러에 한 주, 메타를 560달러에 한 주, 구글은 170달러에 한 주 구매했다. 3분기 실적발표와 함께 적정 주가를 다시 예상하며 조금씩 조정했다. 테슬라 230달러, 엔비디아 130달러, 애플 220달러, 아마존 180달러, 마이크로소프트 400달러, 메타 550달러, 구글 180달러로 조정했다. 내 자산은 지난달과 큰 변동이 없었다. 투자 파이는 잃지 않고 조금 커져서 다행이다. 은퇴 계좌 12만 달러 정도에 개별 주식 계좌 5,340달러 정도였다. 하지만 메타 21%, 구글 16%, 엔비디아 15%, 테슬라 14%, 아마존 11%, 애플과 마이크로소프트가 각각 8%씩으로 그 비중은 바뀌었다. 내일이면 대선이고 결과가 나오는데 반 교수님 말씀대로 불확실성이 사라지면서 주가가 반등해주길 바라고 있다.

반 교수님을 다시 만난 것은 11월 9일이었다. 11월 5일 트럼프가 당선되고 공화당이 상·하원을 모두 장악했다. 말 그대로 공화당의 완승이자 트라이펙타trifecta(세 개의 선거에서 모두 승리)가 달성되었다. 이제 트럼프는 그가 원하는 정책을 마음껏 펼칠 수 있게 되었다. 법인세 인하와 기업 규제 완화는 주식시장에 긍정 신호로 작용했고, 대선이라는 불확실성 또한 사라졌다. 관세 인상과 정부 부채 문제, 인플레이션 등의 부정적인 것들은 일단 선거 확정의 기쁨과 함께 묻혔다. S&P500 지수도 환호하며 5% 가까이 상승해 6,000 근처까지 올랐다. 내 주식들도 따라 올랐다. 일론 머스크가 트럼프 캠프에서 기여하고, 더불어 정부효율성위원회 DOGEDepartment of Government Efficiency의 수장으로 임명되면서 테슬라의 주가는 크게 올랐다. 순식간에 테슬라 321달러, 엔비디아 147달러, 애플 227달러, 아마존 208달러, 마이크로소프트 422달러, 메타 589달러, 구글 180달러까지 올랐다. 지난달보다 은퇴 계좌는 3% 정도, 개별 계좌는 5,808달러로 8% 이상 상승했다. 5개월 동안 총 5,100달러를 넣었는데 벌써 700달러 정도 수익이 났다. 총 12% 수익률! 나름 성공적이었다!

오늘은 팰팍에 있는 '토속촌'이라는 국밥집에서 점심을 같이 하기로 했다. 킹사우나 앞 한국 커피숍인 코코로코 카페에 차를 세우고 토속촌까지 걸어갔다. 밥 먹고 이 카페로 돌아와 커피 한 잔 픽업하기로 했다. 새벽마다 우리 교회에서 홀리스타 새벽예배를 드리기 때문에 이 카페 직원들과는 친했다. 토속촌은 포트리의 '부산국밥'과 같은 집인데 순댓국은 한국 포함 교수님이 먹어본 집 중에 제일 잘한다고 한다. 소방법 때문에 팰팍에서는 못 끓이고 밤새 포트리에서 뼛국물을 우려내서 가져다가 판다고 했다. 교수님은 먼저 와서 안쪽에 자리를 잡고 계셨다. 내가 들어서니 손짓하며 반갑게 맞아주신다.

"교수님, 잘 다녀오셨어요?"

"그럼요, 정말 잘 다녀왔지요. 이번엔 군산, 전주, 여수, 순천, 경주 등을 여행했는데 참 좋았어요. 게장, 꼬막비빔밥 등 정말 맛있는 한정식도 실컷 먹고 왔지요. 일본 나고야, 도쿄, 교토와 히다 지방도 다녀왔는데 무척 좋았어요. 물론 가족과 함께여서 좋았지요. 딸이 아빠 만나서 정말 좋았던 것 같아요. 목마도 많이 태워줬고요."

"와, 교수님 좋으셨겠어요. 부러워요. 저는 일하느라 너무 바빴는데요."

"미안한데요. 하하. 그나저나 뭐 먹을래요? 전 순댓국."

"저는 돼지국밥 먹을게요."

주문한 지 5분도 안 돼서 뽀얗게 잘 우려낸 국물과 함께 순댓국과 돼지국밥이 식탁에 놓였다. 우리는 밥을 말아 먹으며 대화를 이어갔다.

"교수님, 트럼프가 당선된 이후 주가가 많이 올랐어요. 증시가 과열되는 것 같은데 어떻게 할까요? 다행히 오르기 전에 주식은 계획대로 잘 샀는데, 12월에는 모두 적정 주가 위로 올라가서 살 게 없을 것 같아요. 종목을 세 개 정도 더 공부하고 살까요?"

"제 생각에는 버블bubble이 형성되고 있는 것 같아요. 내년도 트럼프 행정부하의 경제 상황을 낙관적으로만 보고 불확실성이 해소되니 사람들이 동물적 광기animal spirits에 마구 사들이며 급격하게 주가가 오르고 있는데, 주가는 시간이 지나면 원래 자리로,

기업들의 펀더멘털대로 돌아올 수 있어요. 물론 이 모멘텀과 분위기가 얼마나 갈지는 조금 지켜봐야겠죠."

"버블이요? 닷컴 버블 같은 건가요, 교수님?"

"맞아요. 그 버블. 거품이라고도 할 수 있고. 버블은 5단계에 걸쳐 형성되는데 일단 자리를 잡는 '디스플레이스먼트displacement', 그리고 급격하게 주가가 오르는 '붐boom', 다음에는 모두가 환희에 차는 '유포리아euphoria', 그 이후에 '수익 실현profit-taking', 마지막으로 '패닉panic 상태'에서 주가가 급격하게 떨어지죠. 지금 S&P500의 EPS가 250이라고 보고 멀티플 PER을 20 정도 곱하면 5,000 정도의 적정 지수가 나오는데, 지금 6,000까지 올라왔으니 2단계인 붐 상태를 겪고 있다고 볼 수 있죠. 조금 더 오르면 사람들은 환희에 빠져 주식이 떨어질 거라고 의심하는 이들이 모두 사라질 거예요. 그때가 고점인 피크라고 볼 수 있죠. S&P500의 향후 PER인 '선행 PERForward PER'이 22 정도 되니까 5년 평균 19.7보다 높은 편이죠. 따라서 큰 버블은 아니더라도 작은 버블froth이 끼고 있어요."

"아, 그러면 조심해야겠네요. 닷컴 버블처럼 터지면 무서울 것 같아요, 교수님."

"맞아요. 대부분의 주식이 적정 주가보다 올라가 있고, 공포

탐욕 지수도 70 이상 올라와 있고, 살 만한 주식이 잘 안 보이죠. '버핏 지수Buffet Index'라는 것이 있는데 주식시장 총 시가총액이 미국 GDP에 비해 얼마나 올랐는가를 보는 거예요. 그런데 이게 지금 200%를 넘어가고 있어요. 아마도 워런 버핏은 이것을 보고 주식을 팔아 지금 현금과 단기채권 비중을 높여가고 있는지도 모르겠어요. 심각하게 주식시장이 고평가되어 있다고 나오죠.

이럴 때는 적정 주가보다 올라간 주식을 추격 매수하는 것보다는 악재가 터져 적정 주가보다 떨어진 주식이 있나 찾아보고 그런 주식들을 줍줍하는 게 좋을 거예요. 곧 추수감사절에 블랙 프라이데이도 다가오고, 그 이후엔 크리스마스까지 쇼핑 시즌이 잖아요. 지금 미국 GDP 성장률이 3.0이고 미국인들의 소비 심리, 소득, 소비가 최고치라 경기가 좋아 보이잖아요. 이번 쇼핑 시즌에도 돈을 많이 쓸 것 같아요. 외식도 많이 할 듯하고요. 따라서 계절성을 봐서 쇼핑 관련 소비재나 외식 사업들 위주로 공부해보는 게 좋을 거예요. 아마존, 메이시스Macy's 백화점, 베스트바이, 크록스, 나이키, 다든 레스토랑DRI, 맥도날드, 치폴레 등은 버블이 사라져도 연말에 오르는 경향이 있어요."

"감사해요, 교수님! 그 종목들도 공부해보고 적정 주가를 계산해봐야겠어요. 트럼프 행정부하에서의 법인세 인하와 규제 완화로 수혜를 입을 골드만삭스, JP모건, 뱅크오브아메리카 같은 은행·증권주들과 머크MRK, 화이자PFE 같은 제약주들도 보고 있어요. 요즘 제가 다이어트에 관심이 많은데 당뇨에도 도움이 되고 다이어트에도 좋은 일라이릴리LLY, 노보NVO 등은 좋아 보여요."

"와, 알려주지 않아도 열심히 공부하고 있군요. 잘하고 있네요!"

"네, 교수님. 시대의 흐름과 새로운 기업들에 대한 공부가 제 직장생활과 개인적 성장에도 크게 도움이 되는 것 같아요."

"맞아요. '멈춰진 마음fixed mindset'보다는 '성장하는 마음가짐growth mindset'이 끊임없이 도전하게 하고 성장을 이끌며 생산성도 높여서 사람을 행복하게 만들어주죠. 세상에는 정말 많은 시작점들이 있는데, 마음먹고 도전하고 인내하여 5년, 1만 시간 정도 쓰면 어느덧 자신도 모르는 사이 크게 성장해 한 분야의 전문가가 되어 있죠. 수민 씨, 파이팅이에요!"

"네, 교수님! 그러면 다음에는 더 많이 성장하도록 하겠습니다!"

교수님은 한국에 다녀오신 지 얼마 안 되어 시차 적응에 힘드신 듯했다. 그래서 우리는 국밥만 먹고 헤어지기로 했다. 나도 코코로코에서 커피 한 잔을 픽업하고, 앞에 있는 유기농 마트에서 머릿결에 좋은 어성초 비누와 샴푸를 사서 집으로 돌아왔다. 하늘은 여전히 파랗고 가끔 보이는 단풍들이 기분 좋은 가을이다.

11월 20일, 공부를 끝낸 종목들을 380달러 정도 남아 있던 현금으로 구매했다. 크록스는 적정 주가가 116달러라 98.59달러에 두 주, 메이시스는 적정 주가가 16.9달러라 14.56달러에 열 주 해서 총 342달러 정도에 샀다. 내가 메이시스를 선택한 이유는, 메이시스의 자회사인 블루밍데일스Bloomingdale's에서 늘 직장용 정장을 샀는데 옷들이 정말 만족스러웠다. 그리고 메이시스의 경쟁 백화점인 노드스트롬Nordstrom이 상장 기업에서 사기업으로 전환될 상황이라, 이 또한 좋은 기회가 될 것 같았다. 또 한 가지 이유는 옷은 아마존에서처럼 안 입어보고 구매하기가 좀 그래서 온라인 상거래 시대에도 메이시스는 잘 살아남을 것 같았다. 크록스는 집에 있으면 늘 신고 다니는데 너무 편해서 좋아한다.

필수적으로 체크해야 하는 경제지표들

전 세계적으로 공공기관과 사기업에서 다양한 국가의 경제 상황을 보여주는 경제지표들이 나온다. 이러한 경제지표를 한곳에 모아 보여주는 여러 웹사이트들이 있는데, '트레이딩이코노믹스TradingEconomics'나 '인베스팅닷컴Investing.com'에서 신속하게 볼 수 있다. 부분적으로는 〈블룸버그〉나

CNBC 같은 미디어를 통해서도 실시간으로 빠르게 파악할 수 있다.

2020년 코로나 이후 각국은 인플레이션을 잡기 위해 금리를 올렸고, 2024년부터 고금리로 인한 노동시장 악화와 경기 후퇴를 막기 위해 금리를 내리기 시작했다. 따라서 미국에서는 인플레이션을 나타내는 세 가지 중요지표, 즉 소비자물가지수CPI, 개인소비지출PCE 물가지수, 생산자 물가지수PPI를 정기적으로 체크할 필요가 있다. 변동성이 심한 기름값과 음식값을 제외한 물가를 '근원core물가'라고 부르며, 부동산 물가를 제외한 것을 '슈퍼코어'라고 부른다. CPI와 PPI는 매달 셋째 주 화요일과 수요일에 노동부 통계청에서 발표하며 연방준비위원회가 가장 중요하게 보는 PCE 물가지수는 상무부 경제분석국에서 개인소득, 소비와 함께 매달 말 금요일에 발표한다. 또한 앞으로의 인플레이션에 대한 예측인 기대인플레이션 지표도 중요하게 봐야 하는데 뉴욕 연방준비은행(연은)과 미시간대학교에서 첫째 주에 발표한다. 이외에도 인플레이션 상황을 파악하는 데는 분기별 노동비용ECI, Employment Cost Index도 참고하며, 케이스-실러 주택 가격 지수Case-Shiller Home Price Index, 만하임 중고차 가격 지수Manheim Used Vehicle Value Index도 고려한다.

미국 경기가 좋고 안 좋고는 국민총생산을 나타내는 GDP와 GDP 경제성장률을 보면 알 수 있다. GDP는 분기나 연별로 특정 기간 한 나라에서 생산된 최종 상품과 서비스의 가치를 측정한 것이다. 미국은 매달 말 목요일에 분기별 속보치, 잠정치, 확정 최종치로 세 번에 나누어서 상무부에 의해 발표된다. 애틀랜타 연방준비위원회는 'GDPNow'라는 웹사이트를 통해 계절성을 반영한 실질 GDP를 발표한다.

최근 연방준비위원회의 FOMC(연방공개시장위원회)에서는 인플레이션과 노동시장의 안정화에 중점을 두고 있는데, 인플레이션은 장기적으로 2%로 낮추기를 원하고 노동시장은 수요와 공급이 잘 균형을 이루어 완전고용, 대략 4.2%의 실업률에 도달하려고 노력하고 있다. 따라서 매달 첫째 주에 발표되는 JOLTs(구인·이직 보고서) 구인 지표, 비농업 부문 고용과 실업률 지표도 노동시장의 안정화를 판단하기 위해 중요하게 봐야 한다.

미국의 경제 상황을 판단하는 데는 공급관리자협회ISM, Institute for Supply Management와 S&P에서 발표되는 제조업과 서비스 지수도 중요하다. 50 이하이면 침체, 50 이상이면 경기 확장으로 보는데, 2025년 현재 미국의 서비스는 50 이상으로 계속 확장되고 있고, 제조업은 여전히 50 미만으로 침체를 겪고 있다. 미국은 서비스 분야가 GDP의 75% 이상을 차지하고 있다.

이외에도 경기 상황은 소매 판매retail sales, 내구재 주문, 도매 재고, 건축 허가, 기존주택·잠정주택 판매 등의 지수도 고려하며, 은행, 월마트나 타깃의 필수소비재, 페덱스Fedex 같은 운송업체들의 실적과 가이던스도 고려할 필요가 있다.

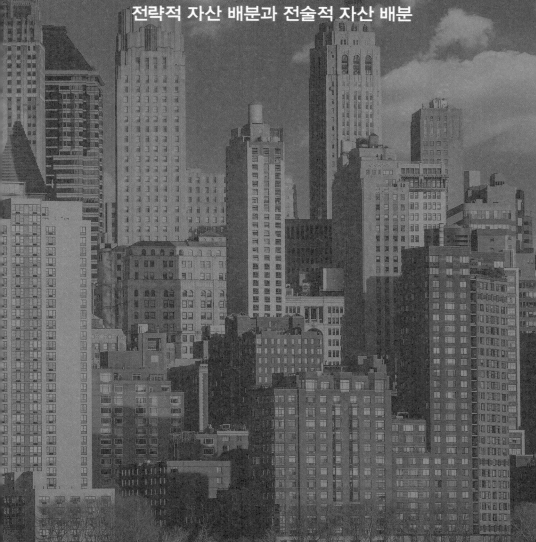

12월

계절마다 커튼을 바꿔줘야 한다

전략적 자산 배분과 전술적 자산 배분

가을 단풍이 떨어진 거리에 새벽까지 내린 눈이 하얗게 덮였다. 가을은 온데간데없고 추운 겨울이 시작되어 마음이 얼어붙을 법도 한데 첫눈이 덮이니 제법 아름다운 겨울 풍경에 오히려 마음이 풀린다. 파란 하늘 아래로 사랑이 넘치고 마음이 따뜻해졌다. 오늘도 여느 때처럼 겨울 부츠를 신고 허드슨 강변을 따라 아직 그대로 쌓여 있는 눈을 밟으며 홀로 걸었다. 외롭지 않고 신과 동행하는 고독한 삶, 나름 행복하고 만족스럽다.

12월 7일 현재 나의 개별 주식 계좌는 7,008달러까지 늘었다. 이번 달 계좌에 넣은 1,000달러를 포함해 지금까지 6개월간 6,100달러 정도를 넣었는데, 무려 14%나 증가했다. 테슬라 389달러, 엔비디아 142달러, 애플 242달러, 아마존 227달러, 마이크로소프트 443달러, 메타 623달러, 구글 176달러, 크록스 110달러, 메이시스 164달러까지 올랐다. 순수하게 주식만 20% 가까이 올랐다. 파이가 생각보다 더 커져서 정말 기분이 좋았다. 반 교수님이 1년에 10% 이상만 수익이 나도 괜찮고 7년이면

2배가 된다고 했는데, 그 이상의 플러스알파를 달성한 것 같아 기분이 좋았다. 아마도 성장주 위주로 포트폴리오를 구성해서 그런 게 아닌가 싶다. 은퇴 계좌는 3% 정도 더 올라 이제 12만 5,000달러까지 늘어나 있다.

이대로 가면 마흔이 되기 전에 30만 달러는 충분히 모일 것 같다. 이번 달에는 주가가 너무 올라 살 만한 주식이 없어 적정 주가 근처에 있는 구글만 176달러에 한 주 더 추가했다. 현금만 861달러 정도 모였다. 주식이 더 싸지면 사려고 현금을 모으고 있다. 반 교수님이 현금은 하나의 종목이라 생각하고 목숨줄처럼 여기라고 강조하셔서 열심히 모으고 있다. 이제 메타 18%, 테슬라 17%, 구글 13%, 엔비디아 12%, 현금 12%, 아마존 10%, 애플 7%, 마이크로소프트 6%, 크록스 3%, 메이시스 2%로 비중을 맞췄다.

오늘은 눈도 오고 날씨가 추워 반 교수님이 다니시는 수영장 앞에 있는 가든 스테이트 플라자Garden State Plaza에서 점심을 같이 먹기로 했다. 최근에 아메리칸몰American Mall이 생기기 전까지는 뉴저지에서 가장 큰 몰이었는데, 이 안에는 푸드코트와 영화관, 음식점들도 들어와 있다. 우리는 쉐이크쉑Shake Shack버거에서 만나서 햄버거를 먹기로 했다. 23번가 맨해튼 메디슨스퀘어 공원에 있는 1호점이 운치도 있고 더 맛있긴 한데, 주말에 맨해튼까지 가기는 부담스러웠다.

나는 먼저 가서 창가에 자리를 잡고 앉아 있었다. 교수님도 곧 오셨는데 수영장에 갔다가 오시는지 머리가 젖어 있었다.

"안녕하세요? 일찍 왔네요. 잘 지냈어요?"

"네, 교수님. 잘 지내셨어요? 햄버거 드실 거죠? 오늘은 제가 내겠습니다."

"오, 그래요? 허허. 감사해요. 저는 레몬에이드에 아보카도베이컨 버거로 먹을게요. 감자튀김도 하나요."

"네, 알겠습니다. 저는 쉐이크쉑버거로."

자주 만나는 친구처럼 지난번에는 국밥을 같이 먹고 이번에는 햄버거를 부끄럼 없이 입에 물고 대화를 시작했다.

"교수님, 저 수익이 많이 났어요! 그래서 제가 햄버거 쏘는 거예요! 무려 20%나 났지요!"

"오! 축하해요. 대단한 성과네요. 보통은 수익 실현하고 그 돈으로 사야 하는데, 너무 성급한 거 아닌가요?"

"하하! 햄버건데요, 뭐."

나는 머리를 긁적이며 질문을 이어갔다.

"그런데 교수님, 테슬라와 메타 등 빅테크 주식들이 너무 올라서 걱정이에요. 시장도 과열되고, 개별 종목들도 적정 주가 위로 오르고 PER도 너무 과열된 것 같은데 어떻게 하죠?"

"지난달에 말한 버블이 주식시장에 낀 것 같아요. S&P500의 선행 PER이 22.3으로 5년 평균 19.7보다 많이 높죠. '미니 버블'이라고도 볼 수 있는데, 보통 이럴 때는 전략적 자산 배분에 더 신경을 써야 하죠."

"전략적 자산 배분이요? 지난 8월에도 잠깐 언급하신 것 같은데 못 물어봤네요."

"맞아요. 처음에는 다른 가격과 관련된 얘기를 하느라 자세히 다루지 못했죠. 그때는 초기 단계였고요. 전략적 자산 배분은 영어로 'Strategic Asset Allocation'이라 부르는데, 미국 투자 자문사들은 다 알고 있는 개념이죠. 처음에 자산 배분을 하고 투자를 시작하는데, 이 투자 비중에 변화가 있을 때 매달 또는 분기별로 비중을 재조정해주는 것을 의미해요. 수민 씨도 지금 은퇴자금을 주식과 채권 6:4로 배분하고 투자하는데, 최근 주가가 상승해 주식과 채권 비중이 7:3에 가깝게 변동되었을 거예요. 이런 경우에 주식 비중이 처음에 계획했던 것보다 많아져서 위험 부담이 올라가게 되죠. 따라서 주식의 10%를 분할로 열매를 따서 채권 안전자산으로 이동시키는 거예요. 리밸런싱이라고도 하죠."

"아, 올해는 S&P500이 25% 가까이 올라서 주식 비중이 많이 올라갔어요. 다시 원래대로 조정해야겠네요."

"맞아요. 주식 비중도 이런 식으로 조정하면 돼요. 10%만 가져가겠다고 생각한 주식이 100%나 올라서 20%로 비중이 올라가면 10%를 분할로 열매를 따서 다른 떨어진 주식에 넣거나 안전자산으로 이동해놓는 거죠."

"그러면 교수님, 앞으로 주식이 계속 올라가면 수익이 줄어들지 않을까요?"

"좋은 질문이에요. 그럴 경우도 있지만 주가는 언제까지고 올라가지는 않거든요. 시장에 조정이 오거나 그 주식에 악재가 터지는 경우에 다시 떨어질 위험이 있는데 이것을 대비해야 하죠. 그럴 경우에는 10%로 맞춰놓은 비중이 5%로 낮아질 수 있고, 이럴 때 미리 따놓은 열매로 안전자산에서 이 주식으로 돈을 옮겨 다시 10%로 맞춰놓을 수가 있죠. 이런 경우에는 떨어질 때 손해 폭도 줄어들고, 싸게 그 주식을 매수해 같은 10%지만 주식 숫자가 늘어나는 효과가 있어요. 이후 다시 그 주식이 회복하고 시장이 좋아지면 수익이 더 커지게 되죠. 전체 투자 자산의 파이도 더 커져서 같은 10%지만 그 주식의 가치는 더 커져 있는 것을 보게 될 거예요. 1만 달러의 10%와 2만 달러의 10%는 다르니까요. 1,000달러가 2,000달러로 되어 있겠죠."

"와, 적절하게 전략적으로 비중을 맞추면 돈을 적게 잃고 나중에 자산은 더 많이 불어나 있겠네요!"

"그렇죠! 게다가 지금은 12월이잖아요. 2025년을 준비하면서 자산 배분을 다시 하고 새해를 맞이하려고 해야죠. 월가의 펀드 매니저와 트레이더들도 분기별로 수익률을 앞다투어 챙기려 할 거고, 그래야 해고도 안 당하고 보너스도 받죠. 이맘때 월가에 칼바람이 많이 불어요. 그들에게 수익률은 목숨과도 같고, 따라서 무리해서 투자를 안 하고 수익이 생기면 먼저 수익을 챙기죠. 물론 올해는 빅테크 주식과 몇몇 인기 종목은 수익이 많이 나서 내년 초로 수익 실현을 미룰 수도 있고, 올해 손해 본 종목들 위주로 손실 처리를 먼저 할 수도 있어요. 다우30에 속한 가치방어주나 러셀2000에 속한 중소형주가 그 타깃이 될 수 있어요. 30일 이내로 사면 워시세일wash sale(주식의 위장 매매)에 걸려 손실 처리가 안 되니까 11월 말이나 12월 초에 일찍 움직이고, 30일 후인 내년 1월 초에 다시 사려고 할 거예요."

"세금을 고려해서 그런 것 같긴 한데… 왜 빅테크 주식들은 내년으로 수익 실현을 미루는 거죠? 지금 파나 내년에 파나 조삼모사 아닌가요?"

"아니죠. 지금 팔면 당장 내년에 세금을 많이 내야 하는데, 내년 초에 팔면 내후년에 세금을 내게 되죠. 1년이라는 시간을 현재 가치, 미래 가치로 생각하면 많은 차이가 있어요. 지금 수중에 있는 1만 달러와 1년 후의 1만 달러 사이에 큰 차이가 있는 것처럼요. 지금 세금을 안 내고 1년 후에 내면 할인 효과가 있는 거예요. 게다가 내년에 투자 손실을 내는 경우에 손실 처리를 해서 그만큼 올해 수익에서 빼서 세금을 내기 때문에 내후년에는 세금을 적게 내게 되죠."

"아, 그렇군요. 미처 생각지 못한 부분이네요. 일단 저도 잘 가지고 있다가 수익이 난 부분은 내년 초에 수익 실현으로 미뤄야 할 것 같네요. 물론 1년 이상 가지고 가야 양도소득세Capital Gain Tax를 적게 내니까, 일단을 오래 들고 가야 할 것 같아요."

"맞아요. 수민 씨는 이미 6:4로 포트폴리오 운영을 하고 있고, 개별 종목 계좌도 IRA 은퇴 계좌로 만들어서 이제 시작했으니 아직 비중 조절은 의미가 없을 거예요. 게다가 지금은 적립식으로 하고 있으니 주가가 떨어지면 새로 들어오는 돈으로 사면 되고, 나중에 돈이 더 모여서 종목별 비중이 잘 맞추어진 다음에 해도 늦지 않죠. 그래도 IRA 은퇴 계좌는 59.5세까지 세금을 면제해주니 크게 세금 낼 걱정 없이 수익 실현을 할 수 있죠."

"그렇네요. 제 계좌들이 다 세금 공제 계좌들이라 세금 걱정은 크게 안 해도 되겠어요. 그러면 교수님, 지금 골드만삭스, 모건스탠리, JP모건, 뱅크오브아메리카, 웨드부시Wedbush Securities 등 여러 기관에서 내년에 유망한 산업 섹터와 종목을 추천해주고 있는데, 그런 섹터나 종목의 비중을 높여야 할까요?"

"좋은 질문이에요. '윈도 드레싱window dressing'이라고 하죠. '섹터 로테이션sector rotation'이라고도 하는데, 창문 커튼을 계절별로 어울리게 갈아주듯 그 분기에 가장 유망할 종목의 비중을 늘려놓는 것을 말하죠. 계절성이라고도 하는데 이런 흐름을 잘 읽고 비중 조절을 하거나 섹터 간 이동을 해두면 좋은 수익을 내기도 해요. 전문용어로 '전술적 자산 배분Tactical Asset Allocation'이라고 부르죠."

"아, 저도 교수님 말씀 듣고 연말 쇼핑 시즌에 대비해 크록스하고 메이시스 백화점 주식을 공부해서 적정 주가보다 싸길래 조금 비중을 늘려놨는데, 같은 맥락이네요!"

"맞아요. 추수감사절부터 시작해 크리스마스를 지나는 연말 쇼핑 시즌이 내년 밸런타인데이와 4분기 실적발표 때까지 지속될 테니 거기에 맞추어 쇼핑 주식들의 비중을 맞춰놓는 것도 좋죠. 그런 것을 전술적 자산 배분이라고 해요."

"그러면 교수님, 내년에는 어떤 섹터가 좋을까요? 트럼프가 당선돼서 규제 완화도 하고 법인세도 낮춘다고 하니 기업들은 좋겠죠?"

"맞아요, 잘 알고 있네요. 일단 지금까지 반독점 규제를 받던 빅테크들은 더욱 좋은 환경에서 운영될 것이고, 약값을 낮추라고 규제를 받던 제약주들도 약간은 숨통이 트이겠죠. 지급준비율 등 다양한 면에서 규제를 받던 은행주들도 수혜를 입겠죠. 법인세까지 인하된다면 더욱 좋을 거예요.

하지만 트럼프 행정부하에서 관세가 올라가고 이민자들이 못 들어와 노동비용이 올라가면 달러도 강세로 변하고 물가도 올라 연방준비위원회에서 금리를 한 번 이상 안 내리면 거시경제적으로 기업 운영 환경이 불리해질 수도 있어요. 유럽과 중국이 지금처럼 침체를 겪으면 달러가 계속 강세를 펼 텐데, 그러면 미국 기업의 40% 이상이 다국적 기업이라 미국으로 들여오는 달러가 적어지는 효과인 환차손이 생길 수가 있죠.

따라서 국내에서만 사업을 하는 미국 국내 기업들이 더 좋을 수 있어요. 당연히 이번에는 친환경 산업보다는 전통적인 석유, 석탄, 내연기관 자동차들이 더 잘될 수 있고요. 새로운 대통령이 취임하면 좋은 점도 있고 나쁜 점도 있어 잘 고려해서 섹터 비중을 조절해야 해요."

"감사합니다, 교수님! 계속 산책하면서 더 생각해봐야겠어요."

"곧 크리스마스네요. 산타랠리가 있으면 좋겠는데, 벌써 온 것 같네요."

"산타랠리요?"

"네, 일종의 계절성인데 크리스마스 이후부터 1월 3일까지 연말과 연초에 주가가 오르는 현상인데 보통 1~2% 정도 오르죠. 산타랠리나 '여름휴가 전인 5월 말에는 팔고 떠나라'라는 셀인메이$_{\text{Sell-in-May}}$는 유명하죠. 하지만 안 오른 적도 많아요. 과거 데이터가 미래를 예측하는 데는 크게 도움은 안 되죠. 12월만 보면 2023년에 4.61%, 2021년에 3.55%, 2020년에 3.02%, 2019년에 1.08%, 2017년에 1.08%, 2016년에 1.76% 올랐지만, 2024년에는 -2.20%, 2022년에는 -6.06%, 2018년에는 -10.16%, 2015년에는 -1.87%, 2014년에는 -0.33%를 기록했답니다. 5월만 보면 2024년에 4.94%, 2023년에 0.31%, 2022년에 0.04%, 2021년에 0.29%, 2020년에 6.11%, 2018년에 2.36%, 2017년에 1.14%, 2016년에 1.44%, 2015년에 0.95%, 2014년에 2.08%로 지난 10년 간 올라간 해가 더 많죠. 물론 2019년에 -6.8%로 크게 떨어진 적도 있고요. 따라서 그때그때 현재 데이터 상황을 보고 판단해야지 과거의 데이터만 보고 성급하게 판단해 예측하면 낭패를 볼 가능성이 높습니다.

지금도 보면 11월 5일부터 지난 한 달간 무섭게 올랐기 때문에 더 올라가지 않고 올해는 그냥 지나갈 것 같고요. 지금 과열기가 빠졌다가 크리스마스 근처에서 살짝 올라오면 '불트랩bull trap'일 가능성이 높아요. 일종의 덫 같은 거라고 보면 되는데, 보통은 지금의 좋은 분위기가 이어져 버블이 꺼지며 주식이 빠져도 사람들이 아직도 주식을 사고 싶은 마음으로 잠시 매수세가 들어오는 거죠. 주가가 일시적으로 올라가며 주식 패턴으로 쌍봉우리(M자 형태)가 형성되고 떨어질 수가 있어요. 두 번째 봉우리는 첫 번째 봉우리보다 낮을 수도 있고요. 지금 S&P500이 6,100까지 올랐는데, 두 번째 봉우리는 6,050 정도까지 올랐다 내려가는 거죠. 금리도 올라가고 달러도 올라가면 그럴 가능성이 높아요."

"아, 알겠습니다. 이제 곧 버블이 살짝 꺼질 시기가 올 수도 있겠네요."

"맞아요. 예측하는 것은 아니지만 지금은 너무 과열돼서 버블이 꺼질 위험도 대비해 자산 배분을 해놓는 게 좋죠."

"알겠습니다, 교수님. 오늘 너무 도움이 많이 되었습니다."

"그래요, 도움이 되어 기뻐요. 이제 크리스마스 잘 지내고, 내년에 보는 걸로 합시다. 또 전화하죠."

"네, 교수님."

우리는 먹은 음식을 치우고, 각자의 집으로 테슬라를 타고 돌아갔다.

교수님 말씀대로 주식시장은 그다음 주부터 조금씩 떨어지며 거품이 빠지기 시작했고, 12월 19일까지 거의 5% 가까이 하락했다. 특히 12월 18일 연준의 제롬 파월이 내년에 금리를 내릴지 안 내릴지 모른다는 얘기와 함께, 점도표가 3.9%로 찍히며 두 번만 내릴 수 있다는 가능성을 시사했다. 금리와 달러가 상승하며 주식시장에 큰 영향을 미쳤다. 하지만 주식시장은 12월 20일 근원물가가 2.8%로 예상보다 덜 오르자 다시 반등했고, S&P500은 크리스마스이브까지 6,050으로 크게 다시 반등했다.

이번 크리스마스는 다행히 주가가 다시 반등해 행복했다. 나는 테슬라 FSD 13.2.1을 새롭게 무선으로 다운받아 록펠러센터까지 개입 없이 차를 몰고 갔다. 사실 테슬라가 나를 데려다주었다고 해야지 맞겠다. 정말 이제는 택시처럼 편하다. 곧 공유택시도 나온다는데 지난번 다운타운 근처 테슬라 매장에서 본 금색 사이버캡은 정말 예뻤다. 친구 폴과 신디는 록펠러센터에 새로 장식된 크리스마스트리 앞에서 기다리고 있었다. 영화 〈나 홀로 집에〉에 나오는 100피트(약 30미터)나 되는 커다란 트리는 볼 때마다 웅장해 기분이 좋아진다. 5번가 길 건너 삭스피프스애비뉴 Saks Fifth Avenue 백화점 벽의 레이저쇼도 언제나처럼 멋졌고, 쇼윈도에 장식된 크리스마스 장식과 인형도 나를 반겼다. 황금빛 천사들이 이끄는 통로를 따라 걸어가 길을 건너자 고딕식 첨탑들로 유명한 세인트패트릭 성당 St. Patrick's Cathedral 이 웅장하게 우리를 기다리고 있었다. 안에 함께 들어가 동방박사와 천사에 둘러싸인 말구유 앞의 아기 예수님을 보며 기도를 드렸다. 메리 크리스마스! 친구들과 다시 록펠러센터 1층으로 돌아와 아이스링크에서 두 시간 정도 스케이트를 즐기다 집으로 돌아왔다. 역시나 테슬라 FSD는 밤길이지만 안전하게 나를 집으로 데려다주었다.

12월 26일 주식 장이 다시 열렸다. 하지만 반 교수님 말씀대로 크리스마스까지의 3일간의 상승은 불트랩이었다. 크리스마스는 행복하고 기뻤지만, 크리스마스가 지나자 주식시장은 1월 2일까지 5일 연속 하락했다. 안타깝게도 산타랠리는 없었고 산타는 주식시장에 오지 않았다.

하지만 나는 미리 대비를 조금 해놨다. 12월 16일 테슬라가 450달러를 넘기자, 비중이 20%가 넘어가고 나의 적정 가격

230달러보다 100% 이상 수익이 나서 460달러에 두 주의 열매를 땄다. 비중이 6%로 확 줄었지만, 나름 만족했다. 반 교수님이 뿌리는 남겨두라고 하셔서 정말 뿌리만 남겨놨다. 나중에 혼날 수 있지만, 그냥 몇 주 없어서 어쩔 수 없었던 것으로 합리화했다. 12월 18일에는 엔비디아를 남은 현금으로 126달러 가격에 여섯 주를 추가 구매했다. 12월 말까지 488달러까지 갔던 테슬라가 403달러로 크게 하락했지만, 나는 열매를 미리 따두어 큰 영향을 받지 않았고 전체 포트폴리오는 오히려 90달러 정도 상승해 큰 변동은 없었다. 엔비디아 22%, 테슬라 6%, 메타 16%, 구글 13% 아마존 9%, 애플 7%, 마이크로소프트 12%, 크록스 3%, 메이시스 2%, 현금 10%의 비중으로 2024년을 마무리했다. 퇴직연금도 교수님을 만난 다음 날 주식과 채권 비중을 7:3에서 6:4로 리밸런싱하고 연말을 맞이하니 12만 3,000달러로 1.4% 정도만 줄어들었다. 열매 따고, 적정 주가 밑에서만 사고, 리밸런싱하고 안전자산을 늘려서 하락장을 보고 있으니 마음이 참 평온했다. 반 교수님 말씀대로 거친 파도 아래 물속은 참으로 고요했다.

2024년은 뉴저지로 이사하며 테슬라 차도 사고, 개별 계좌에 돈도 저축하고, 교회 봉사도 많이 하며 새로운 한국 친구들도 만나고, 좋은 멘토이신 반 교수님까지 만나서 투자 실력도 조금 성장하고 나름 의미 있고 행복했다. 2025년에도 행복하기를 기원하며 에지워터의 집에서 혼자 새해를 맞았다. 사실 나에게 새해는 그렇게 의미 있는 날은 아니다. 송구영신, 옛것을 보내고 새것을 맞이한다지만 난 늘 새로워지려고 노력하니까. 사실 폴과 신디, 스테파니 등 친구들이 맨해튼으로 건너와서 밤새 파티하자고 했는데, 그날 비바람이 너무 몰아쳐서 집에 있겠다고 했다. 30대 중반이 되니 파티도 이제 별로다. 시끄럽기만 하고 그냥 조용한 게 좋다. 송구영신 예배를 다녀와서 한국에 있는 부모님과 반 교수님께 전화로 새해 인사를 드렸다. 새해에는 더 많은 것에 도전하고 극복하고 성장하라고 반 교수님이 덕담을 해주셨다. 그래서 더 자유롭고 행복해지라고. 너무 멋진 분이다.

새해가 밝자마자 큰일이 일어났다. 뉴올리언스에서 트럭이 버번스트리트Bourbon Street로 돌진해 열 명이 사망하고, 트럼프타워 앞에서는 사이버트럭이 폭파되었다. 즐겨 보는 〈블룸버그〉, 〈월스트리트저널〉, 〈뉴욕타임스〉, CNBC 홈페이지 1면이 온통 이 기사들로 도배되었다. 나는 여느 때처럼 강변에서 산책만 하고, 집으로 돌아왔다. 밤새 비가 와서 그런지 하늘은 파랗고 건물도 도로도 모든 것이 깨끗하게 씻겨 있었다.

새해 들어 각 주식의 적정 주가와 희망 목표 주가도 계산해 봤다. 물론 1월 말 실적발표 후에 다시 계산해보겠지만, 목표 주가를 세우는 것은 나름 재미있었다. 그 이상 올라가면 조금이라도 열매를 따겠다는 마음가짐도 있었다. 평가가 좋은 전문가들의 목표 주가도 어느 정도 참고했다. 테슬라는 246달러 적정 주가에 목표는 420달러로 잡았다. 엔비디아는 적정 주가 140달러에 목표 주가 170달러, 구글은 적정 주가 180달러에 목표 주가 200달러, 메타는 적정 주가 550달러에 목표 주가 619달러, 애플은 적정 주가 230달러에 목표 주가 260달러, 아마존은 적정 주가 200달러에 목표 주가 240달러, 마이크로소프트는 적정 주가 410달러에 목표 주가 460달러로 정했다.

1월 2일 아침 테슬라가 4분기 차량 인도량을 미스하며 373달러까지 주가가 6%나 폭락했다. 기존에 14%나 하락한 데다가 합쳐서 20% 이상 하락하니 기회다 싶어 일단 두 주를 추가 구매했다. 가격은 적정가보다는 비싸지만 목표가 420달러보다는 싸고, 비중이 너무 줄어 있어 15%로 다시 늘렸다. 새로 들어온 월급으로 계좌에 1,000달러도 추가하고 마침 적정 주가까지 하락한 마이크로소프트도 한 주 추가 구매했다. 1월 3일 기준, 엔비디아 145달러, 테슬라 410달러, 메타 604달러, 구글 193달러, 마이크로소프트 424달러, 아마존 224달러, 애플 243달러, 크록스 110달러, 메이시스 16.82달러로 대부분의 주식이 조금씩 올랐다. 이제 비중이 엔비디아 21%, 테슬라 15%, 메타 15%, 구글 12%, 마이크로소프트 10%, 아마존 8%, 애플 6%, 크록스 3%, 메이시스 2%, 현금 9%이다. 나의 개별 계좌 자산은 벌써 8,312달러로 늘어났다. 올해 총 7,100달러 투자에 17% 수익률이었다. 은퇴 계좌는 계속 돈을 넣어 12만 5,000달러까지 25% 정도 상승했다. 나름 훌륭했다고 스스로를 칭찬해줬다.

1월

강달러, 고금리
돈의 흐름과 매매 기법

반 교수님을 다시 만난 것은 1월 4일이었다. 며칠 내리던 겨울비는 그치고 오랜만에 환한 햇빛이 나오는 좋은 영상의 날이었다. 하지만 겨울 한파가 몰아치려는지 볼과 귀가 빨개질 정도로 바람이 무척이나 세게 불어왔다. 내일부터는 밤에 영하 6도까지 떨어진다고 한다. 반 교수님이 봄학기도 다다음 주부터 개학하고, 다음 주부터는 바빠진다고 하셔서 급하게 미팅을 잡았다. 팰팍의 한 중국집에서 만나 점심을 같이 하기로 했다. 점심으로 나오는 고추잡채밥과 유산슬밥이 가격도 좋고 맛있다. 짬뽕 국물도 함께 나와 너무 좋다. 길 건너 보쌈집의 매운족발이나 BBQ 치킨도 생각나는 날이지만, 투고to-go로 포장해 픽업할 수밖에 없는데 마땅히 야외 테이블처럼 가서 먹을 곳은 없었다. 옆에 칼국수집도 맛있지만, 그 중국집은 지난번에 교수님과 만났던 다방 베이커리 2층에 있어 밥 먹고 나서 커피 마시며 대화하기에 동선이 좋았다.

오늘도 나는 5분 정도 먼저 가서 창가 구석에 자리를 잡았다.

주인아주머니가 반갑게 맞아주신다. 반 교수님도 늦지 않게 들어오면서 손을 흔드셨다.

"잘 지냈어요, 수민 씨!"

"네, 교수님. 날씨가 너무 추워지고 있어요."

"그러게요. 요즘 독감도 유행한다던데 조심해야겠어요."

"네, 교수님. 뭐 드시겠어요?"

"네, 전 고추잡채밥 먹을게요."

"저는 유산슬밥 먹겠습니다."

메뉴가 나오기도 전에 나는 기쁜 마음에 교수님께 수익률 얘기부터 했다.

"교수님, 저 작년에 17% 수익을 냈어요! 잘했죠? 다 교수님 덕분이에요. 오늘 밥도 제가 사겠습니다."

"와, 잘했네요. 원칙대로 잘 투자했군요."

"네! 돈도 잃지 않고 정석대로 투자하니 좋은 성과를 이룬 것 같아요. 은퇴자금도 많이 불어나 투자 파이가 많이 커졌어요."

"와, 부자네요!"

"아니에요, 교수님. 갈 길이 멀죠. 그런데 지난번에 교수님이 버블 얘기를 하신 이후로 기가 막히게 주가가 떨어지기 시작했어요. 그 덕에 저도 가지고 있던 현금으로 싸게 주식들을 줍줍할 수 있었고요. 그래서 올해 초 많이 반등하며 수익도 많이 낸 것 같아요. 어떻게 주가가 떨어질 걸 아셨어요?"

"하하. 예측한 것은 아니고 우연히 맞았겠죠. 다만 주식시장이 과열되어 있었고 실적발표도 없었는데 단순히 대선 확정으로 사람들이 들떠 주가를 올려놓은 것이라, 다시 원래대로 돌아올 위험은 존재했죠. 게다가 내년부터 금리가 더 내려갈 거라는 제롬 파월 연준 의장의 발언도 없었고, 오히려 매파적으로 모든 것을 데이터를 기준으로 결정하겠다고 했죠. 트럼프 행정부하에서 관세도 올리고 노동 서비스 비용도 올라가면 연준은 더욱 금리 내리기가 힘들어지겠죠. 하지만 또 미국 경기도 너무 좋아서 달러마저 유로화나 다른 아시아 통화들에 비해 강세를 보이고 있고요. 이런 상황은 작년 4월과 같은 현상인데, 주가가 더 올라가기에는 어려움이 있었죠.

작년 기관들의 목표도 가장 높은 게 S&P500 6,100이었고요. 6,050 근처에서 어느 정도 심리적인 저항선이 형성되면서, 그 이상 올리려면 시장의 모든 참여자들이 한마음 한뜻으로 진영을 이루어 주식을 사게 만드는 정말 좋은 호재가 있어야 했어요. 하지만 그런 게 없었죠. 57회나 고점 기록을 갱신하며 오른 S&P500 지수이기에 더 오르기는 힘들었을 거예요. 2023년에도

20% 이상 올랐는데, 이번에도 27%까지 올라 있었잖아요. 예상 PER이 22.3이나 되는 버블기가 있었죠."

"아, 이미 여러 힌트가 있었군요. 눈치가 빨라야 할 것 같아요!"

말하는 동안 주문한 고추잡채와 유산슬이 나와 맛있게 먹기 시작했다.

수익 실현과 공매도는 항상 있다

"어디까지 얘기했죠?"

"눈치요, 교수님."

"아, 맞아요. 냉철하게 시장을 보면서 눈치 있게 행동하는 것도 주식 투자에 도움이 되죠. 특히 시장 참여 기관과 펀드매니저의 심리를 읽어내는 것이 중요해요. 특히 고점 근처에서는 그동안 수익을 낸 기관, 헤지펀드, 세력, 우리 같은 소매업자나 개미의 수익 실현 욕구가 강하답니다. 또한 연말에는 리밸런싱을 통한 자산 배분과 세금 목적상의 손실 처리 등 은퇴자금 펀드의 큰 움직임도 있었겠죠. 게다가 3월, 6월, 9월, 12월 세 번째 금요일마다 있는 선물과 옵션 계약이 겹치는 '세 마녀triple witching의 날'도 있었잖아요. 이번에도 6조 5,000억 달러나 움직여서 변동성을 키웠고요. 보통 옵션 만기가 있는 주에는 변동성이 커지는데 주식이 많이 올랐다는 것은 '사자_{buy}'에 배팅한 사람이 많았다는 의미이고 옵션 만기일 전에 모두 팔고 정리할 거라는 예측이 가능하죠."

"정말 눈치 싸움이네요!"

"고점 근처에서는 매수 진영이 분열되면서 수익을 실현하는 사람들이 나타나고, 동시에 주식이 떨어질 것에 배팅하는 공매도 인버스_{inverse} 투자자들이 늘어나게 되죠. 고점 근처에서의 주가 이동평균선(보통 5일이나 15일)이나 차트를 보면 지지선들이 나타나는데, 보통 이 지점에서 치열한 전쟁이 시작된답니다. RSI가 70이 넘어가 과열이 된 이후에 주가가 떨어지기 시작하면서 5일 이동평균선이 붕괴되고 모두가 생각했던 지지선이 붕괴되면서 주가는 하락하게 되죠.

따라서 차트를 보며 기술적 분석을 하면 세력 간의 심리와 치열한 줄다리기 전쟁 상황을 볼 수 있답니다. 매도와 매수 세력 간의 전쟁이죠. 시장에 특별한 호재가 없어 분위기가 꺾이면 주가는 계속 떨어져 흐르게 된답니다. 이렇게 떨어지다가 다음 이동평균선인 15일 이동평균선이나 다음 지지선에 도착하게 되면 약속이나 한 듯 저가 매수세가 유입되면서 주가를 반등시키려고 하죠. 공매도도 주식을 빌려서 팔았기 때문에 그것을 메우기 위해 어느 정도 주가가 떨어지면 주식을 사서 공매도를 청산하죠. 만약 이러한 저가 매수를 통한 반등에 실패하게 되면, 지나고 난 후에 사람들은 죽은 고양이가 한번 번쩍 일어났다고 하면서, 데드캣 바운스deadcat bounce였다고 말하죠. 주가는 더욱 밀려서 50일 이동평균선이나 100일 이동평균선까지도 밀리게 됩니다.

이번에 나스닥 지수는 50일 이동평균선까지, 다우지수와 S&P500은 100일 이동평균선까지, 중소형주를 포함한 러셀 2000 지수는 200일 이동평균선까지 밀렸죠. 결국 RSI도 중간선인 50 이하 바닥인 30 근처까지 떨어졌답니다. 당연히 CNN의 공포탐욕 지수도 25 정도로 공포 기간까지 내려갔고요. 저는 이때를 '사냥 시기'라고 부르죠. 종목별로 적정 주가 밑으로 떨어진 종목들이 많이 나오게 되고, 좋은 매수 찬스를 주게 됩니다."

"맞아요, 교수님. 저도 이번에 싸게 주식들을 줍줍할 수 있었어요. 12월 초만 해도 정말 살 게 없었거든요. 주식시장의 보이지 않는 전쟁은 차트를 보면 보이는군요. 물론 심리도 보이고요. 오늘 또 중요한 것을 배웠습니다. 교수님, 감사해요!"

"맞아요. 차트를 보면 지나간 패턴들을 통해 그림을 그릴 수 있는데 이런 것들을 보면 심리가 보이죠. M자 모양을 하고 있는 쌍봉(우리) 패턴은 한 번 고점에 갔다가 내려왔는데 아직 시장 분위기가 좋아서 한 번 더 끌어올리려고 노력한 거예요. 하지만 그 이전 고점 위로 올리기에는 명분과 호재가 부족해서 다시 수익 실현과 공매도 세력이 들어오면서 주가가 떨어지며 흘러내리는 현상을 보여주죠.

W자 모양을 하는 '쌍바닥'이라는 패턴은 한 번 공포에 떨어져 바닥에서 주워 끌어올렸는데, 공매도와 공포에 사로잡힌 매수 세력이 조금 오르니 수익 실현을 하고 주식을 팔아서 다시 떨어뜨리는 거예요. 하지만 바로 이전 바닥이 안전한 지지선이라고 생각하고 더 공포를 일으킬 악재도 없기 때문에, 공매도도 쇼트커버short cover(주가가 하락할 것으로 예상해 공매도를 한 뒤 주식을 돌려주기 위해 시장에서 다시 사들이는 일)를 하며 주식을 사고, 주가가 싸다고 생각하는 저가 줍줍 세력도 다시 주식을 사기 시작하면서 주가를 끌어올리죠. 그리고 주식시장은 상승 흐름을 타게 되죠."

"와, 교수님. 너무 재밌어요!"

"그렇죠. 차트는 재미로 본다고 생각하는 게 맞고 심리적인 분위기를 보는 데만 사용해야 해요. 명심할 것은 이것은 지나간 것이어서 후행지표라고 부르는데 앞을 예측하는 데 쓰면 위험하다는 겁니다. M자를 그리는 듯하다가 호재가 나와 두 번째에 고점을 뚫고 지나가기도 하고, W자를 그리며 반등하나 싶었는데 악재가 나와 주가가 계속 하락세를 그리기도 해요. 그냥, 시장의 심리가 이렇구나, 정도로만 파악하는 데 쓰고 절대 예측하는 데 쓰면 안 돼요. 차트만 보면서 돈을 벌기는 사실 힘들어요."

"네, 명심하겠습니다, 교수님."

어느새 밥을 다 먹고 아래층으로 가서 커피를 마시기로 했다. 커피는 반 교수님이 빵과 함께 사주셨다. 따뜻한 아메리카노에 말차 파운드 케이크는 마음까지 채워주는 페어링이었다.

"교수님, 이제 1월 20일이면 새로운 대통령이 취임하고 곧 봄이 오겠네요. 첫눈이 온 게 엊그제 같은데 벌써 겨울도 한창이에요."

"맞아요. 다다음 주면 벌써 봄학기 개학이고 금방 봄이 오고 여름이 오겠죠."

"앞으로 주식시장은 어떨까요?"

"새로운 대통령이 취임하면 늘 그랬듯이 공약했던 정책들을 이행해나가겠죠. 주식시장은 불확실성을 싫어해서 약간의 변동성을 겪을 거예요. 민주당에서 보수적인 공화당으로 정권이 바뀌었으니 국제무역이나 정세에도 변동성이 있을 거고. 특히 미·중 간 갈등은 큰 변수가 되고 있죠.

하지만 지난 4분기에는 미국 경기도 좋았으니 실적 가이던스를 잘 낸 기업들은 이번에도 실적발표를 잘하겠죠. 물론 다음 분기 실적 가이던스를 어떻게 내느냐가 중요하긴 한데, 2015년 정도부터 시작된 인공지능을 포함한 4차 산업혁명은 그 완성기에 도달하고 있고, 빅테크 기업들은 계속해서 실적을 잘 낼 거라고 보고 있어요. 이처럼 대형 기술주와 4차 산업혁명 관련주가 잘 이끌어주면 올해 증시도 지수로 보면 좋지 않을까 해요. 보통 '경기 확장 국면late expansion cycle'은 36개월 정도 되는데, 2022년에 침체를 겪은 미국은 경기는 둔화되더라도 2025년까지는 경기가 확장하지 않을까 해요. 예측은 하지 않지만, 긍정적으로 시장을 보는 게 좋겠죠. 물론 혹시 모를 조정이 올지도 모르니, 시장이 다시 과열되면 리밸런싱을 통한 대비는 미리미리 해놓는 게 좋겠죠. 전략적으로!"

"네, 전략적으로! 올해는 이것만 기억하도록 하겠습니다. 전략적 자산 배분!"

우리는 커피와 말차 파운드 케이크를 마저 먹고 다음을 기약하며 헤어졌다. 교수님은 수업이 시작되면 바빠지신다고 하니, 다시 만날 때까지 건강하시라고 인사드렸다. 에지워터로 돌아온 후, 생각을 정리하고 싶어서 찬 바람이 부는 강가를 산책했다. 새해가 시작되니 두려움 반 기대 반으로 가슴이 설렜다.

1월 20일, 마틴 루터 킹 주니어 데이를 맞이해서 도널드 트럼프가 47대 미국 대통령으로 취임했다. 취임하자마자 이전의 바이든 대통령 때의 행정명령들을 대거 취소했고, 새로운 행정명령들을 쏟아내기 시작했다. 2030년까지 전기차를 50%까지 채택하려던 전기차 목표를 철폐하고, 파리협약에서 탈퇴하며 환경보호보다는 내연기관차와 석탄·석유 등 전통적인 산업에 더 집중하기 시작했다. 캐나다와 멕시코에는 2월 1일 기준으로 25%의 관세를 매기고, 중국에는 10%의 관세를 부과한다고 발표했다. 어느 정도 예상했던 일이었고, 관세도 예상보다는 적게 매겨져서 그런지 당장 주식시장에 큰 변동성을 가져오지는 않았다. 인공지능에 대한 규제를 없애고, 스타게이트Stargate를 발표하며 오픈AI, 소프트뱅크, 오라클과 함께 700조가 넘는 인공지능 투자를 텍사스에 하기로 발표하자, S&P500은 오히려 6,100까지 다시 상승하며 최고점 기록을 갱신했다.

하지만 충격은 1월 27일 딥시크DeepSeek와 함께 왔다. 중국의 챗봇ChatBot 기업이 적은 데이터센터 비용으로 오픈AI보다 더 좋

182

은 결과reasoning를 냈다고 발표한 것이다. 테크 주식들은 급락하며 1.2조 달러나 시총이 떨어지는 최악의 하루를 보냈다. 엔비디아는 하루 만에 17%나 떨어지면서 6,000억 달러, 거의 1,000조 원에 가까운 시총이 증발했다. S&P500을 추종하는 퇴직연금은 괜찮았지만, 새로 만든 대형 기술주 위주의 내 계좌는 크게 녹아내렸다. 지난 8월에도 비슷한 경험을 했던 터라, 당황하지 않고 엔비디아를 소량 줍줍했다. 분산투자를 해놓고, 현금을 10% 정도 가지고 있어서 정말 다행이라고 생각했다.

딥시크 쇼크와 미·중 갈등

4차 산업혁명은 2015년 정도에 시작되어 클라우드 시장의 확대와 더불어 2023년 1월 오픈AI의 생성형 인공지능인 챗GPT가 등장하면서 그 완성기에 접어들고 있었다. '챗GPT 모멘텀'이라고 불리는데, 코딩 중심의 머신러닝에서 다음 단계로 넘어간 것이며, 보고서·이미지·비디오 등에서 인간의 창의력을 넘어선 새로운 세계를 가져왔고, 이로 인해 미국 주식시장은 2년 연속 큰 상승을 거두었다. 2024년에는 알파벳 웨이모, 테슬라의 FSD 12.5와 13.2의 등장으로 자율주행이 도약했다.

앞으로는 양자컴퓨터, 증강현실, 우주항공 같은 것들이 점점 무르익지 않을까 기다리고 있던 찰나에, 2025년에 들어서자마자 미·중 간 경쟁에 불을 지필 만한, 소위 '스푸트니크Sputnik 모멘텀'이라고 불리는 딥시크가 등장했다. 국가 안보를 이유로 바이든 정부의 중국에 대한 견제로 엔비디아의 H100 같은 고사양 GPU의 수출 규제가 있었지만, 딥시크, 알리바바, 바이트댄스 등 중국의 기업들은 미국과 견줄 수 있는 인공지능 모델LLM, Large Language Model들을 출시한 것이다. 메타, 오픈AI와 협력하는 마이크로소프트, 테슬라 같은 많은 빅테크 기업들이 데이터센터에 수십억에서 수백억 달러에 이르는 자본투자Capex를 해왔고 계획했지만, 중국은 H800 같은 저사양 모델로 이를 해냈다고 한 것이다. 일론 머스크를 비롯한 많은 미국의 전문가들은 중국이 싱가포르 등을 통해 H100을 5만 개 정도 들여갔을 것으로 추정하고 있다. 이에 미국 정부는 우회 수입을 했는지 조사에 착수했고, 중국에 대한 수출 규제를 강화하기로 했다. 마이크로소프트와 오픈AI 또한 중국 기업들이 데이터와 기술을 도용했을 것이라고 주장하며 조사를 시작했다.

41%의 전문가들은 빅테크 기업들이 중국의 인공지능 개발에 영향을 거의 받지 않을 것이라고 답했고, 47%는 빅테크 기업들의 수익이 둔화될 것이라고 대답했다. 단지 12%만이 큰 영향을 미칠 것이라고 해서 당장은 크게 염려하지 않아도 될 정도라고 본다.

하지만 딥시크 쇼크를 통해 팔란티어테크놀로지의 알렉스 카프Alex Karp 같은 미국의 인공지능 기업의 리더들은 더욱 힘을 합쳐서 인공지능 개발에 박차를 가해야 한다고 주장하고 있다. 인공지능 영역은 미국의 독주라고 생각했지만, 중국이 어느새 따라오고 있었던 것이다. 아직은 딥시크가 비영리단체이고, 정치적 문제에 대한 대답을 못 하고 있고, 중국에 전화번호가 있는 사람에게만 계정을 허용하며, 네트워크 확장도 못 하는 상황이지만, 몇 년 안에는 미국과 경쟁할 수 있는 수준까지 도달할 것으로 보인다. 오픈AI, 마이크로소프트, 메타, 엔비디아, ASML 등은 중국의 이러한 발전을 인정하면서도, 고사양 반도체의 수요와 투자 확대의 미래를 긍정적으로 보고 있다. 2025년 현재 인공지능의 유효시장은 2,430억 달러이며, 2030년까지 8,260억 달러 시장으로 매년 18.46%씩 성장 확대될 것으로 전망된다.

2월

수민이의 마지막 투자 일기

곧 눈이라도 올 듯한 을씨년스러운 날씨다. 산책을 위해 아파트 문을 열고 나올 때부터 추위가 옷깃에 묻어 있다. 추운 날씨가 이어지고 있지만 곧 꽃피는 봄이 오겠지. 분홍빛 진달래가 피기를 조용히 기대해본다.

지난주 월요일 딥시크로 인한 시장의 충격은 금방 시장에 반영되어 3일 만에 사라졌다. 하지만 2월에 들어서자, 캐나다, 멕시코, 중국, 유럽에 대한 관세를 올린다는 소식으로 인해 아직은 시장에 불안감이 완전히 사라지지 않았다. 우크라이나의 종전 가능성이 지정학적 우려를 없애고 있지만, 경기가 침체되며 물가가 오르는 스태그플레이션에 대한 우려도 시장에 불확실성과 변동성을 더하고 있다. 2월 1일 기준, 엔비디아 120달러, 테슬라 404달러, 메타 689달러, 구글 205달러, 마이크로소프트 415달러, 아마존 238달러, 애플 236달러, 크록스 102달러, 메이시스 15.6달러로 메타, 아마존, 구글 빼고는 모두 하락했다. 계좌에는 1,000달러를 추가 입금했고, 1월에는 적정 주가보다 떨어졌던 애플 두 주(220달러), 엔비디아 한 주(116달러), 마이크로소프트 한 주(413달러)를 줍줍했다. 비중은 엔비디아 17%, 테슬라 13%, 메타 15%, 구글 11%, 마이크로소프트 13%, 아마존 8%, 애플 13%, 크록스 2%, 메이시스 2%, 현금 6%이다. 나의 개별 계좌 자산은 벌써 9,256달러로 늘어났다.

지난봄 5월경부터 시작된 나의 본격적인 투자 인생은 좋은 멘토를 만나서 탄탄하게 잘 다져진 것 같은 기분이 든다. 원칙을 지켜서 투자하니 돈은 잃지 않고 파이는, 물론 조금씩이지만, 커져가고 있다. 퇴직연금 이외에는 따로 모아둔 돈이 없어 불안했는데, 벌써 1만 달러에 가까운 돈이 모였다는 사실에 정말 뿌듯함을 느낀다. 굳이 주식 계좌나 주가를 보지 않아도 평상시 생활하는 데 전혀 불편함 없이 마음이 항상 평온하다. 반 교수님이 말씀하신 행복한 투자란 것이 이런 것이 아닐지 조금이나마 알 것 같다.

지난 8월부터 올해 1월까지 주식시장은 계속해서 변동성을 이어왔다. 계절에 따라 어떤 영향들이 있는지도 알 수 있었지만, 예상치 못한 이벤트들은 끊임없이 생기는 것 같다. 이럴 때마다 크지는 않아도 조금씩 적정 가격보다 싸게 살 수 있는 기회가 조금씩 생겼다. 미리미리 위험에 대비하여 자산을 배분해놓고 현금을 준비해놓는 것이 얼마나 멘탈을 유지하는 데 중요한지도 깨달았다. 다행히 적립식에, 월급도 계속 들어가는 상황이라 더욱 당황하지 않고 조금씩 줍줍을 할 수 있었던 것 같다.

  곧 추운 겨울도 끝난다. 한 계절이 지루해질 때쯤에는 또 새로운 계절이 오고 마음은 늘 설렌다. 분홍빛 봄꽃들과 바다가 그리운 더운 여름, 노란색 은행잎에 단풍이 가득한 가을과 낭만적인 첫눈의 겨울. 계절만큼이나 인생과 주식시장에도 새로운 설렘들이 가득하고 준비된 자에게는 좋은 기회들이 늘 오는 것 같다. 공부하고 실천하면 어려운 것들이 쉬워지는 삶, 아름다운 삶이다.

에필로그

　벌써 뉴저지에 정착한 지 7년째가 되어간다. 플로리다, 보스턴을 거쳐 미국에 온 지는 24년째이다. 쉰이 넘어가는 나이에 사랑하는 내 딸 수민이를 위해 이렇게 또 세 번째 책을 내게 되어 감회가 새롭다. 주님께서 늘 함께하시는 나의 고독한 발걸음은 늘 자유롭고 행복할 뿐이다. 이 책을 읽는 모든 이들의 삶에도 주님께서 늘 함께하시고 사랑과 평강이 넘치길 기도한다.

DoM 034

수민이의 미국 주식 투자 스토리
: 어느 뉴요커의 주식 호구 탈출기

초판 1쇄 인쇄 | 2025년 3월 7일
초판 3쇄 발행 | 2025년 4월 21일

지은이 이주택
펴낸이 최만규
펴낸곳 월요일의꿈
출판등록 제25100-2020-000035호
연락처 010-3061-4655
이메일 dom@mondaydream.co.kr

ISBN 979-11-92044-57-6 (03320)
ⓒ 이주택, 2025

'월요일의꿈'은 일상에 지쳐 마음의 여유를 잃은 이들에게 일상의 의미와 희망을 되새기고 싶다는 마음으로 지은 이름입니다. 월요일의꿈의 로고인 '도도한 느림보'는 세상의 속도가 아닌 나만의 속도로 하루하루를 당당하게, 도도하게 살아가는 것도 괜찮다는 뜻을 담았습니다.

"조금 느리면 어떤가요? 나에게 맞는 속도라면, 세상에 작은 행복을 선물하는 방향이라면 그게 일상의 의미이자 행복이 아닐까요?" 이런 마음을 담은 알찬 내용의 원고를 기다리고 있습니다. 기획 의도와 간단한 개요를 연락처와 함께 dom@mondaydream.co.kr로 보내주시기 바랍니다.